高山滑雪 单板滑雪

GAOSHAN HUAXUE　DANBAN HUAXUE

主编　苏晓明　王　宁　张　媛

吉林出版集团股份有限公司　全国百佳图书出版单位

图书在版编目(CIP)数据

高山滑雪 单板滑雪 / 苏晓明等主编.—长春：吉林出版集团股份有限公司，2011.6（2024.1 重印）
ISBN 978-7-5463-5714-0

Ⅰ.①高… Ⅱ.①苏… Ⅲ.①滑雪—青年读物 Ⅳ.①G863.1-49

中国版本图书馆 CIP 数据核字(2011)第 117609 号

高山滑雪 单板滑雪

主编 苏晓明　王宁　张媛
责任编辑 李婷婷
出版发行 吉林出版集团股份有限公司
印刷 三河市同力彩印有限公司
版次 2011 年 7 月第 1 版　2024 年 1 月第 9 次印刷
开本 787mm×1092mm 1/16　**印张** 10　**字数** 100 千
地址 吉林省长春市福祉大路 5788 号　**邮编** 130000
电话 0431-81629968
电子邮箱 11915286@qq.com
书号 ISBN 978-7-5463-5714-0
定价 45.80 元

目录 CONTENTS

高山滑雪

目录 CONTENTS

目录 CONTENTS

高山滑雪

第一章 运动保护

“生命在于运动”，但是盲目、不科学的运动非但不能起到强身健体的作用，反而会给身体带来一定的伤害。只有掌握体育锻炼的一般性生理卫生知识，科学地进行体育锻炼，才能起到健身强体的作用。

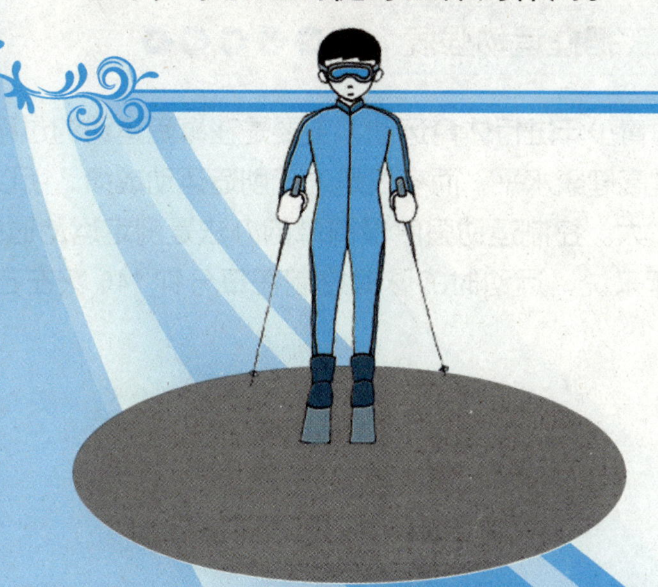

第一节 生理卫生

青少年在进行体育运动时，除了应进行一般性的身体检查和必要的咨询外，还要注意培养运动兴趣和把握适当的运动强度。

一、培养运动兴趣

在进行运动前，必须培养自己对体育运动的兴趣。培养兴趣的方法有很多，如观看体育比赛，与同学、朋友进行体育比赛等。有了浓厚的兴趣，就能自觉地投入体育运动之中，从而达到理想的锻炼效果。

二、把握运动强度

因为青少年进行体育运动，主要是在享受运动的过程中增强体质，提高健康水平，而不仅是为了创造运动成绩，所以运动强度不宜过大。控制运动强度最简单的办法是测定运动时的脉搏。对青少年来说，运动时的脉搏控制在每分钟 140 次左右较为合适。

第二节 运动前准备

运动前进行充分的准备活动，对于青少年来说是非常重要的。一些青少年体育运动爱好者，常常不重视运动前的准备活动，从而导致各种运动损伤，影响运动效果，也容易失去对体育运动的兴趣，甚至产生对体育运动的畏惧心理。因此，青少年在进行体育运动前，必须做好充分的准备活动。

一、准备活动的作用

运动前做好充分的准备活动能够对肌肉、内脏器官有很大的保护作用，同时还可以提前调节运动时的心理状态。

(一)提高肌肉温度，预防运动损伤

运动前进行一定强度的准备活动，不仅可以使肌肉内的代谢过程加强，温度增高，黏滞性下降，提高肌肉的收缩和舒张速度，增强肌力，同时还可以增加肌肉、韧带的弹性和伸展性，减少由于肌肉剧烈收缩而造成的运动损伤。

(二)提高内脏器官的功能水平

内脏器官的功能特点之一就是生理惰性较大，即当活动开始、肌肉发挥最大功能水平时，内脏器官并不能立刻进入

最佳活动状态。

（三）调节心理状态

青少年进行体育锻炼不仅是身体活动，而且也是心理活动。研究证明，心理活动在体育锻炼中起着非常重要的作用。体育锻炼前的准备活动，可以起到心理调节的作用，即接通各运动中枢间的神经联系，使大脑皮层处于最佳兴奋状态。

二、如何进行准备活动

一般来说，准备活动主要应考虑内容、时间和运动量等问题。

（一）内容

准备活动可分为一般准备活动和专项准备活动。一般准备活动主要是一些全身性的身体练习，如跑步、踢腿、弯腰等。一般准备活动的作用在于提高整体的代谢水平和大脑皮层的兴奋状态，减少运动损伤的发生。专项准备活动是指与所从事的体育锻炼内容相适应的动作练习。

下面介绍一套一般准备活动操，供青少年运动前使用。这套活动操主要包括头部运动、肩部运动、扩胸运动、体侧运动、体转运动、髋部运动和踢腿运动等。

1.头部运动

头部运动的动作方法(见图 1-2-1)是:

两手叉腰，两脚左右开立，做头部向前、向后、向左、向右以及绕环运动。

2.肩部运动

肩部运动的动作方法(见图 1-2-2)是:

手扶肩部，屈臂向前、向后绕环以及直臂绕环。

3.扩胸运动

扩胸运动的动作方法(见图 1-2-3)是:

屈臂向后振动及直臂向后振动。

4.体侧运动

体侧运动的动作方法(见图 1-2-4)是:

两脚左右开立，一手叉腰，另一臂上举并随上体侧屈而摆振动。

5.体转运动

体转运动的动作方法(见图 1-2-5)是:

两脚左右开立，两臂前屈，身体向左、向右有节奏地扭转。

6.髋部运动

髋部运动的动作方法(见图 1-2-6)是:

两脚左右开立，两手叉腰，髋关节放松，向左、向右各做360°旋转。

7.踢腿运动

踢腿运动的动作方法(见图 1-2-7)是:

两臂上举后振，同时一腿向后半步，然后两臂下摆后振，同时向前上方踢腿。

图 1—2—1

图 1—2—2

图 1—2—3

图 1—2—4

图 1—2—5

图 1—2—6

图 1–2–7

(二)时间和运动量

准备活动的时间和运动量随体育锻炼的内容和量而定，由于以健身为目的的体育运动量较小，因此准备活动的量也相对较小，时间也不宜过长，否则，还未进行体育锻炼身体就疲劳了。半小时的体育锻炼，准备活动时间一般以 10 分钟左右为宜。

第三节 运动后放松

进行剧烈的体育运动后，有些青少年习惯坐在地上，或是直接躺下来休息，认为这样可以快速消除疲劳。其实不然，这样做的结果不仅不能尽快地恢复身体功能，反而会对身体产生不良影响，正确的做法应该是运动后做一些整理活动，放松身体。

一、运动后整理活动的必要性

运动后的整理活动不但可以避免头晕等症状，还可以有效地消除疲劳。

（一）避免头晕

人体在停止运动后，如果停下来不动，或是坐下来休息，静脉血管失去了骨骼肌的节律性收缩，血液会由于受重力作用滞留在下肢静脉血管中，导致回心血量减少，心血输出量下降，造成暂时性脑缺血，出现头晕、眼前发黑等一系列症状，严重者甚至会出现休克。为了避免这些症状的发生，整理活动是非常必要的。

（二）消除疲劳

除了避免头晕等症状的发生，运动后的整理活动还可以改善血液循环状态，达到快速消除疲劳的目的。

二、放松方法

在运动后放松时，应注意以下几个问题：

（1）做一些放松跑、放松走等形式的下肢运动，促进下肢静脉血的回流，防止体育锻炼后心血输出量的过度下降；

（2）下肢活动后进行上肢整理活动，右臂活动后做左臂的整理

活动，通过这种积极性休息，使身体功能得到尽快恢复；

(3)整理活动的量不要过大，否则整理活动又会引起新的疲劳；

(4)在进行整理活动时，应当保持心情舒畅、精神愉快。

第四节 恢复养护

人体在运动后，除采用休息和积极性体育手段加速身体功能的恢复外，还可以根据体育运动的特点，补充不同的营养物质，以尽快消除疲劳。

运动结束后，人体内会产生一种叫作乳酸的酸性物质，它的积累会造成机体的疲劳，使恢复时间延长。所以，我们在运动后，应多补充一些碱性食物，如蔬菜、水果等，而动物性蛋白等肉类食品偏“酸”，在运动后的当天可适当减少摄入。

第二章 高山滑雪概述

高山滑雪是以滑雪板和滑雪杖为工具，在山坡专设的线路上进行快速回转和滑降的一种雪上竞技项目。

近年来，随着人们生活水平的提高和闲暇时间的增多，滑雪作为一种娱乐和健身方式，在我国得到很大的发展和普及，逐渐成为冬季里增进健康、增强耐寒能力的一种运动方式。

第一节 起源与发展

高山滑雪是一项历史悠久的运动项目，随着技术水平和场地设施的不断改进，它逐渐成为家喻户晓的大众体育项目，深受人们的喜爱。

一、起源

滑雪运动起源于北欧，挪威、芬兰等国很早就出现了滑雪板。挪威的诺尔海姆被认为是现代滑雪运动的鼻祖。挪威首都奥斯陆素有“滑雪运动之都”的美誉。1923 年，为纪念滑雪运动的诞生，世界上第一个滑雪博物馆在奥斯陆建立。

随着滑雪运动的深入开展，许多滑雪爱好者更是追求地形复杂、高山丛林间的滑雪运动，这便要求滑雪者要掌握复杂的快速降下和回转技术。滑雪运动由此繁衍出了一个新的运动项目——高山滑雪。

二、发展

高山滑雪作为大众喜爱的体育运动项目，具有很强的健身价值和娱乐价值，因此在国内外发展速度较快，很快就有了自己的规模和组织形式。

(一)国际高山滑雪运动

现代高山滑雪比赛的发明者是英国人阿诺德·卢恩爵士和奥地利人海因斯·施奈德。1922 年，卢恩在瑞士的慕伦组织了历史上最早的一次高山小回转滑雪比赛。此后，奥地利的施奈德创办了高山滑雪学校。

从 1931 年起，世界高山滑雪锦标赛开始举办。1936 年第四届奥运会上，高山滑雪运动成为冬季奥运会的第一个正式比赛项目。1948 年第五届瑞士圣莫里茨冬奥会上又增加了男女速降滑雪。1952 年第六届挪威奥斯陆冬奥会上设立了高山大回转项目。

(二)中国高山滑雪运动

1980 年在美国普莱西德湖举行的第 13 届冬奥会上，中国高山滑雪队首次正式亮相，中国滑雪运动由此迈向国际化。

1995 年，国家旅游局组织了“旅游滑雪研讨会及人员培训”活动；2001 年，黑龙江省政府及国家体育总局、国家旅游局，会同联合国工业开发组织举办了首届“黑龙江国际滑雪论坛会”。这一系列活动都大大推动了中国滑雪运动的发展。

2002 年，中国滑雪协会开通中国滑雪网站，建立了权威性的滑雪资料库，为滑雪运动的进一步普及提供了新的平台。

第二节 特点与价值

高山滑雪是一个古老的运动项目，也是目前世界上开展最积极的运动项目之一，适应性强，对于居住寒带、高山地区的人们更是理想的代步工具。

一、特点

由于滑雪场具有完全不同条件的地形和斜面，滑雪者必须对山坡的大小变化和凹凸不平的地域及雪质状态的变化作出迅速的反应，并采取相应的技术动作。所以，这项运动需要发展肌肉和中枢神经系统的协调能力，需要极高的身体平衡控制能力和合理的技术动作，是一项追求惊险和速度、有着极大吸引力和健身价值的运动项目。

二、价值

高山滑雪运动除了具有健身价值外，还有陶冶情操和愉悦身心的作用。

（一）锻炼平衡能力

滑雪是一项全身运动，滑雪者在运动过程中需要在重心不断切换的情况下寻找平衡点，这能够锻炼身体的平衡能力。

(二)改善关节状态

滑雪者要做出优美流畅的动作，顺利地滑降和制动，就需要身体各个关节的配合。在滑雪过程中，手臂、腰部、臀部和腿部的肌肉都可以得到锻炼，各个关节可以得到拉伸，这能够激活僵硬的身体，增强身体的柔韧性。

(三)提高心肺机能水平

滑雪和跑步、游泳一样属于有氧运动，能够增强心肺功能。此外，在雪场的冷空气中运动，也是对身体的氧气运输系统的考验，这也在无形中锻炼了心血管缩张的能力。

(四)塑身作用

对于想塑身的人来说，滑雪是一项不错的运动。数据表明，一个速度正常的滑雪者 1 小时消耗的热量为 734 卡，这相当于在 1 小时内跑了 9.5 千米的运动消耗量。

(五)振奋精神

人们在冬天通常会出现忧郁、沮丧、注意力分散等精神状况，这种季节病被称为“冬季抑郁症”。运动可以改变人们低落的情绪，室外运动尤具这种功效。滑雪运动是一项不错的室外运动，可以使人精神振奋，情绪高涨，也可以辅助治疗“冬季抑郁症”。

(六)愉悦身心

当你驾驭着雪板徜徉在雪白的冰雪世界里，大自然的纯洁和飞驰其间的愉悦，能让忙碌于工作和学习的身心顿感轻松。

第三章 高山滑雪场地、器材和装备

高山滑雪是一项户外运动，对场地、器材和装备的要求比较高，因为这直接关系到运动参与者的人身安全。在练习或比赛前，应严格检查场地是否符合比赛要求，检查器材和装备是否完好。

第一节 场地

绝大多数滑雪场地都建在山林地区，了解场地对每一个滑雪运动员都非常重要，因为它直接关系到每一个滑雪者的人身安全和技术水平的发挥。

一、规格

高山滑雪的比赛形式主要分为速降、回转、大回转和超级大回转等，下面逐一介绍这几种比赛形式的场地规格。

(一)速降

(1)速降场地起点与终点的高度差，男子为 800～1000 米，女子为 500～700 米；

(2)线路长度的设计在冬奥会和世界锦标赛中应保证男子的最好成绩不少于 2 分钟，女子不少于 1 分 40 秒；

(3)为确保比赛安全，除了在线路两侧插上足够的红色和绿色指示旗外，还必须在重要的地段(如危险地段、坡度转换和颠簸地段，以及运动员易于滑错方向的地段等)设置旗门；

(4)旗门的宽度不得少于 8 米；

(5)假如场地起点与终点的高度差达不到规则要求，可以组织两轮滑行的滑降比赛(高度差不得小于 450 米)。

(二)回转

(1)回转比赛的场地应建在坡度为 20°～27° 的山坡上；

(2)场地宽不得小于 40 米；

(3)起点与终点的高度差，男子为 140～220 米，女子为 120～180 米；

(4)旗门数量，男子 55～75 个，女子 45～60 个；

(5)每个旗门由两面旗和两根旗杆组成，红、蓝旗门要交替插设；

(6)旗的规格为 24 厘米×22 厘米，两个旗门的最小距离不得小于 0.75 米，旗门宽度为 4～6 米；

(7)旗门的设置包括开口旗门(两个旗门杆连与线路方向垂直)、闭口旗门(两个旗门杆连与线路方向平行)，以及由 1～4 个旗门组成的旗门组，如蛇形门、螺旋门、三角门和菱形门等。

(三)大回转

(1)大回转比赛场地通常多坡并呈波浪形，宽度不得小于 30 米；

(2)起点与终点的高度差，男子为 350～400 米，女子为 260～350 米；

(3)旗门数应取高度差的 12%～15%；

(4)旗门宽 4～8 米，最近两个上下连续门的旗门杆最小距离不得小于 10 米。

(四)超级大回转

(1)超级大回转场地地形呈波浪状，宽度不得小于 30 米；

(2)起点与终点高度差，男子为 500～650 米，女子为 350～500 米；

(3)开口旗门宽度不得少于 6 米，闭口旗门为 8～12 米；

(4)旗门数不得超过高度差的 10%，但男子最少不得少于 35 个，女子不得少于 30 个。

二、设施

(一)场地标志

(1)滑雪道级别用带有颜色的线条标注，绿色为初级滑雪道，蓝色为中级滑雪道，黑色为高级滑雪道；

(2)线条的两端表示滑雪道的终点，标注滑雪道的线条应根据山坡的走势而呈现曲线或直线，每一条曲线代表一条滑雪道或一个滑雪区域。

(二)指示标志(见图 3-1-1)

指示标志起提示或警告滑雪者的作用，了解雪场标志的含义是顺利、安全地进行滑雪运动的关键。

图 3-1-1

第二节 器材

滑雪运动对器材有较高的要求，滑雪者只有了解各类器材的性能，才能选择适合自身特点的器材，主要包括滑雪板、滑雪板固定器、滑雪鞋和滑雪杖等。

一、滑雪板

（一）规格

目前使用的滑雪板大多是经过改良的“卡宾板”，俗称“大头板”，长度应为身高减去 5～15 厘米。

（二）构造

高山滑雪板由前、中、后三部分组成，前部较宽、中部较窄、后部宽窄适度，侧面形成很大的弧线，便于滑雪板转弯，特别是小转弯。

（三）选用原则

（1）要适合自己的身体条件和技术特点；

（2）转弯半径越小，滑雪板越不灵活，速度则相对较慢，适合初学者；转弯半径越大，滑雪板越灵活，速度则相对较快；

（3）体重大、力量大、技术好的滑雪者要选弹性好、硬度大的滑雪板，女性或初学者要选择硬度低的滑雪板（见图 3-2-1）。

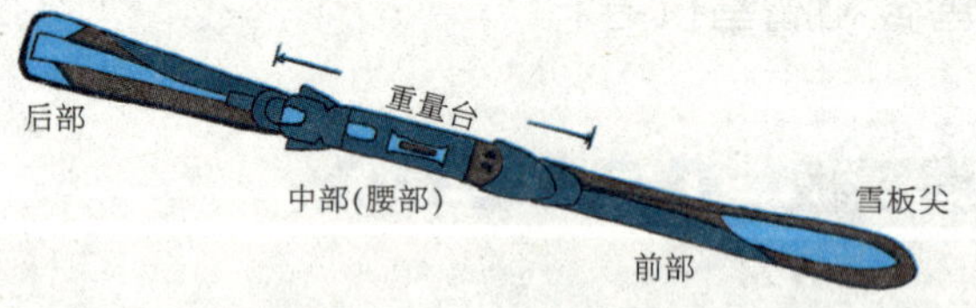

图 3-2-1

二、滑雪板固定器

(一)构造

(1)滑雪板固定器由金属材料制成，固定在雪板上；

(2)滑雪板包括前、中、后三部分，前、后两部分起固定滑雪鞋的作用，都有调整松紧度的装置，后部的锁固柄可便捷地锁住滑雪鞋；

(3)滑雪板中部有止滑器和垫板，止滑器可防止滑雪板在山坡上自行溜滑，垫板用于立刃时，滑雪鞋侧面与雪面摩擦。

(二)功能

高山滑雪固定器不仅可以把雪鞋固定在雪板上，更好地控制滑行，而且在滑雪者摔倒或受到较大的冲击力时，能够将滑雪鞋与滑雪板自动分离，保护滑雪者腿部不受伤害(见图 3-2-2)。

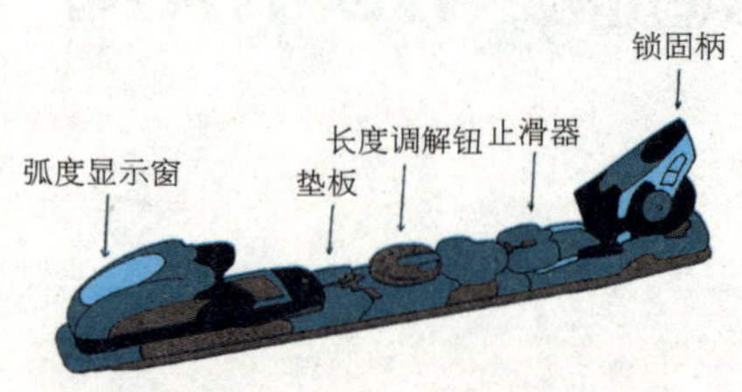

图 3-2-2

三、滑雪鞋

（1）高山滑雪鞋又称滑雪靴，鞋靿较高，有内外两层，外层与鞋底由塑料或 ABS 材质等坚硬材料制成，具有较好的防水、抗碰撞性，内层由化纤组织和松软材料制成，具有保暖、缓冲等作用；

（2）滑雪鞋镶有一个或多个夹子，用于调整鞋的肥瘦和前倾角度（见图 3-2-3）。

图 3—2—3

四、滑雪杖

（一）规格

（1）滑雪杖一般长 90～125 厘米，选择滑雪杖时，从雪轮算起最长应不超过肩部，最短不低于腋下，长度一般应与本人手臂下垂后肘部距地面的高度相当，这样既易于手握，又可以防止滑雪杖脱落；

（2）初学者可先选择稍长一点的滑雪杖，待技术提高后，再选择短一些的。

(二)构造

(1)高山滑雪杖由轻铝合金材料制成，上粗下细；

(2)选择时应以质轻、不易断折、平衡感好、适合自己身高为原则；

(3)滑雪杖上装有雪轮，可防止滑雪杖过深地插入雪中，在高速滑行的瞬间给滑雪者一个稳定的支点(见图 3-2-4)。

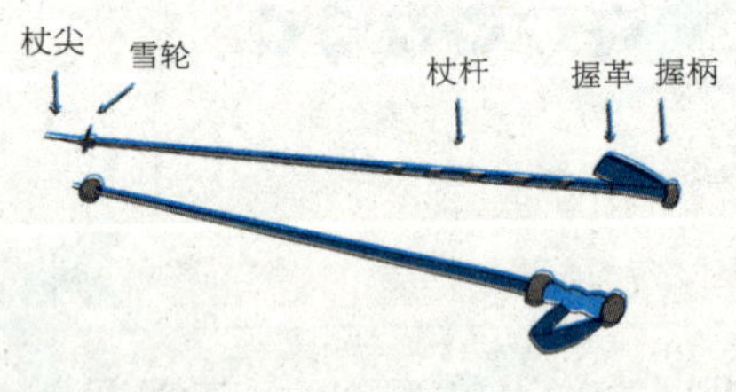

图 3-2-4

第三节 装备

滑雪装备一般包括滑雪服、滑雪手套、滑雪帽(或头盔)、滑雪镜、滑雪袜和滑雪内衣等。

一、滑雪服

(1)标准的滑雪服应以质轻、保暖、防风雪、舒适合身、不妨碍行动又尽量减少风的阻力为原则；

(2)滑雪服不能太小或太紧，否则会限制滑行者的滑行动作；

(3)上装要宽松，衣袖的长度应以向上伸直手臂后，略长于手腕为宜，袖口应有缩口并可调整松紧；

(4)领口应为直立的高领开口，以防止冷空气进入；

(5)裤长应以下蹲后裤脚到脚踝部为准(见图 3-3-1)。

图 3-3-1

二、滑雪手套

(1)滑雪手套外层一般用天然皮革和合成材料制成，内层应选择保暖性较好的不透水面料，以防手被冻伤；

(2)应选择五指分开的手套，以方便滑雪者持握雪杖，以及用手整理滑雪器材；

(3)应选用腕口较长的滑雪手套，最好能将袖口罩住，腕扣可以调松紧(见图 3-3-2)。

图 3-3-2

三、滑雪帽

(1)滑雪帽以弹性较好的绒线帽为最佳，应能够遮住耳部，并紧贴头部及耳位，即使剧烈运动也不易松脱；

(2)最好选用套头式滑雪帽，这种滑雪帽只露出脸部，保暖性好，但注意不要挡住眼睛，影响视野(见图 3-3-3)。

图 3-3-3

四、滑雪镜

高山滑雪中冷风对眼睛的刺激很大，雪地上阳光反射很强，所以滑雪者需使用滑雪镜来保护自己的眼睛(见图 3-3-4)。

图 3-3-4

五、滑雪袜

滑雪时应穿专用长袜。滑雪靴筒较高，穿着普通短袜，皮肤会与雪鞋内靴直接接触，容易摩擦导致肿痛。如果没有专用袜，也可穿一般的长筒运动袜。

六、滑雪内衣

专业的滑雪内衣是由化纤面料制成的，具有良好的延展性和透气性。如果穿着棉质内衣，须及时更换，以免出汗后身体又潮又冷。

第四章 高山滑雪基本技术

学习高山滑雪必须掌握高山滑雪的基本术语和高山滑雪的基本动作。学习高山滑雪的基本术语是滑雪者掌握基本动作的基础，使滑雪者能够更好地理解基本动作中出现的一些板型、板位、板刃等相关的基础知识。基本动作又是高山滑雪的基础，基本动作的熟练程度，直接决定高山滑雪的速度和水平。对于初学者来说，掌握基本动作是十分必要的。

第一节 基本术语

学习高山滑雪的基本术语，有助于滑雪者更快、更好地掌握高山滑雪的基本动作。基本术语包括常用术语、滑雪板板刃和滑雪板板型等。

一、常用术语

常用术语包括切入雪面等 18 种(见图 4-1-1)。

1.切入雪面

切入雪面是指雪板刃实实地进入雪面中滑行，这主要体现在主动板内刃上。

2.刻住雪面

刻住雪面是指静止时将雪板刃平稳地立在雪面中。

3.外雪板

外雪板是指转弯弧线外侧的滑雪板。

4.内雪板

内雪板是指转弯弧线内侧的滑雪板。

5.主动板

主动板是指滑雪转弯过程中起主导作用的那只滑雪板(即负重大的滑雪板)，一般是外雪板或山下板。

6.从动板

从动板是指滑雪转弯过程中不起主导作用的那只滑雪板(即负重小的或不负重的滑雪板)，一般是内雪板或山上板。

7.山下板

山下板是指处于山坡下侧的雪板，一般是外雪板。

8.山上板

山上板是指处于山坡上侧的雪板，一般是内雪板。

9.立刃面

立刃面是指立刃时雪板与雪面所形成的角度。

10.雪板迎角

雪板迎角是指滑雪板与原滑行方向所形成的角度，与阻力成正比。

11.负重

负重一般是指承担体重的滑雪板(或负重腿、负重脚)。

12.滑降

滑降是指从山坡上向山坡下基本直滑行。

13.转弯

转弯是指从山坡上向山坡下，左右来回转换雪板运行方向的滑行。

14.登坡

登坡是指穿雪板向山上移动。

15.板型

板型是指两只滑雪板在雪面或空间所形成的形态。

16.板位

板位是指两只滑雪板在雪面或空间所处的位置。

17.前倾

前倾是指滑雪时膝部前顶、上体向前略倾、双脚掌用力的动作，保证重心不落后。

18.旗门

旗门是指在滑雪道上插立的限定具体滑雪路线的标志。回转项目的旗门用两根杆组成，大回转、超级大回转、滑降的旗门由左右侧各两根杆(共 4 根杆)组成，两杆间有一面大旗，旗杆与旗面均为红蓝相间。

图 4—1—1

二、滑雪板板刃 

滑雪板板刃包括雪板刃、雪板内刃、雪板外刃、立刃和立刃角(蹬雪角)等(见图 4—1—2)。

1.雪板刃

雪板刃是指滑雪板底面两侧的金属边。

2.雪板内刃

滑雪基本姿势中，左、右两只滑雪板内侧都有板刃。因为有两只滑雪板，所以有两条内刃。

3.雪板外刃

滑雪基本姿势中，左、右两只滑雪板外侧都有板刃，外刃也有两条。

4.立刃

立刃是指滑行中滑雪板底面与雪面成一定角度，立刃主要体现在主动板内刃。

5.立刃角(蹬雪角)

立刃角是指转弯立刃时滑雪板底面与雪面所形成的角度。

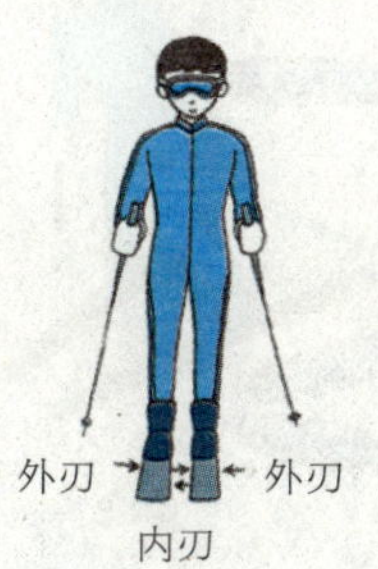

图 4-1-2

三、滑雪板板型

滑雪板板型包括平行板型、犁式板型和剪刀式板型等(见图4-1-3)。

1.平行板型

平行板型是指一只脚的雪板和另一只脚的雪板相互平行。

2.犁式板型

犁式板型是指两只雪板后部横向宽度大于前部。

3.剪刀式板型

剪刀式板型是指一只雪板踏地滑行，另一只雪板蹬动后，提起板尖向外、向前展开所形成的板型。

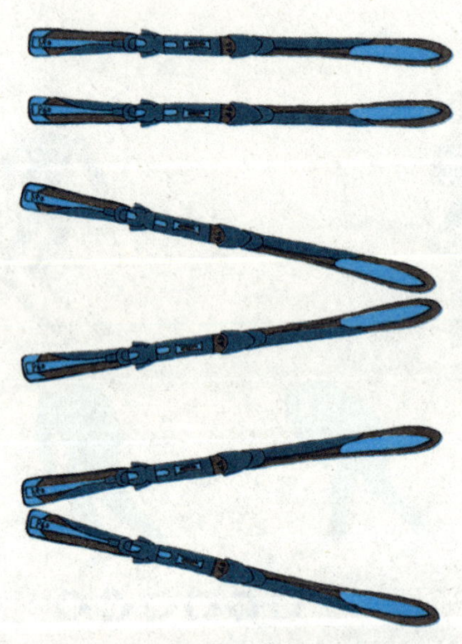

图 4—1—3

第二节 基本动作

初学者掌握基本动作是十分必要的，这直接决定了技术水平的高低。基本动作包括原地穿滑雪板动作、跌倒与站起、移动动作、平地和上坡滑行动作、滑降技术和转弯技术等。

一、原地穿滑雪板动作

原地穿滑雪板动作包括站立姿势和原地改变方向等。

（一）站立姿势

站立姿势包括原地站立姿势和斜坡站立姿势等。

1.原地站立姿势

原地站立姿势的动作方法（见图 4-2-1）是：

（1）双雪杖分别立插于雪板两侧，目视前方，身体放松，自然站立；

（2）双雪板平行，间距不超过胯宽，双雪板平行，共承体重，重心居中，压力均匀。

2.斜坡站立姿势

斜坡站立姿势的动作方法（见图 4-2-2）是：

（1）双雪板平行横在山坡上，山上板较山下板位置略高，并可略前于山下板半脚距离；

（2）双膝略向山上侧倾斜，山下板立住内刃承担体重，刻住雪面，山上板立住外刃刻住雪面；

（3）上体略向山下侧，与立刃的雪板对应横倾和转向。

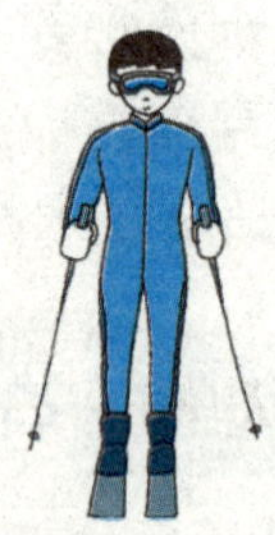

图 4—2—1

图 4—2—2

（二）原地改变方向

原地变换方向是指在静止状态下改变方向，包括“V”字形转向和 180° 变向等。

1．“V”字形转向

“V”字形转向的动作方法（见图 4-2-3）是：

（1）左侧板尖向外展开；

（2）右侧板向左侧板靠拢；

（3）两雪杖在板尖外展时要支撑在体后。

2.180°变向

180°变向的动作方法（见图 4-2-4）是：

（1）双板平行站立，两杖在体前侧支撑；

（2）右腿支撑体重，左板向前抬起直立，双杖在体侧支撑；

（3）上体左转，同时直立的左板以板尾为中心向左侧下方转并着地；

（4）在放左板的同时，左雪板移至右板外侧支撑，重心移至左腿；

（5）右板和右雪杖抬起移向与左板平行同一方向，两雪杖支撑在体前侧。

图 4-2-3

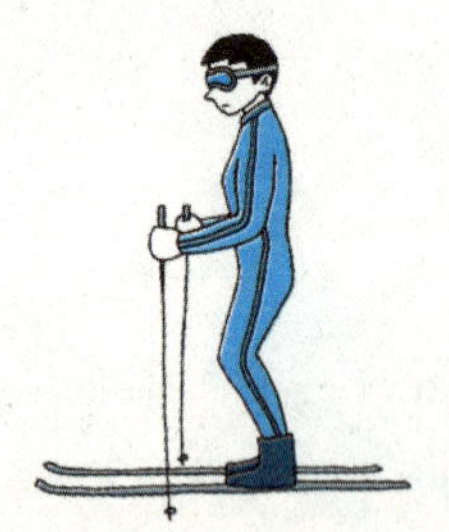

图 4-2-4

二、跌倒与站起

在学习高山滑雪的过程中，摔倒是不可避免的。一旦摔倒，应有强烈的自我保护意识，主动采用安全摔倒的方式。对初学者来说，摔倒后站起来的学习是十分必要的，应好好掌握。

(一)跌倒

滑雪跌倒是常有的事，有时还应该采取主动跌倒方式，分解跌倒时的冲力，避免撞击，化解险情。跌倒的动作方法(见图4-2-5)是：

(1)跌倒前迅速下蹲，降低重心；

(2)臀部向后侧方坐下，臀部一侧触及雪面，头朝上向山下滑动；

(3)尽可能双脚举起、双臂外展，使雪板、雪杖离开雪面；

(4)不要挣扎，顺其自然下滑；

(5)没有停止之前，不要乱动。

图 4—2—5

(二)站起

跌倒后站起来的动作一般有 3 种方式，即脱掉滑雪板站起、别人帮助站起和不卸掉滑雪板自己站起。前两种站起方式简单明了，不用介绍。不卸掉滑雪板自己站起的动作方法(见图 4—2—6)是：

(1)调整体位，头部调向山上侧，脚朝山下，侧坐在雪面上；

(2)将双雪板收拢到臀下，越贴近越好，双板平行，横在山坡上，与滚落线垂直；

(3)用两雪板山上侧的板刃刻住雪面；

(4)雪杖在体后上方用力支撑或用手部支撑；

(5)先蹲起再站起。

图 4-2-6

三、移动动作

移动动作包括平地侧向移动和登坡移动等。

(一)平地侧向移动

平地侧向移动的动作方法(见图 4-2-7)是：

(1)在平整的雪面上呈穿雪板侧对前进方向站立姿势；

(2)双雪杖直插于体侧远一点的地方，左板承重，提起一只板向另一只横移，然后落地，双板平均承重；

(3)双雪杖提起侧移，为下一个移板动作留出空间，注意不要影响雪杖的移动。

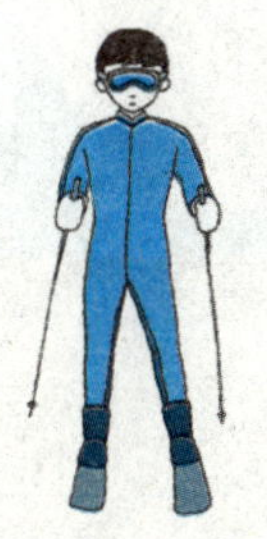

图 4-2-7

(二)登坡移动

登坡移动动作包括侧向登坡移动和正向登坡移动等。

1.侧向登坡移动

侧向登坡移动的动作方法(见图 4-2-8)是：

(1)在雪坡上呈穿雪板侧对前进方向站立姿势，山下板立住内刃，山上板立住外刃，双刃轮换承重，刻住雪面；

(2)双雪杖插于体侧较远处，支撑维持平衡，山下板内刃承重；

(3)提抬山上板，向上迈移一定距离落地，并用外刃刻雪承重，提抬山下板向山上板平行并拢，接着用内刃刻雪承重。

2.正向登坡移动

正向登坡移动的动作方法(见图 4-2-9)是：

(1)身体正向前进方向，两只滑雪板前部向外展开呈倒“八”字形(剪刀式板型)，双板内刃刻住雪面，双手握住雪杖握柄的顶端，将雪板撑于体后两侧，防止雪板倒滑；

（2）左板内刃刻雪承重，提抬右板向上迈出，同时撑动右雪杖，左雪杖前提，上体向前跟住；

（3）右板落地，内刃刻雪承重，提抬左板向上迈出，同时撑动左雪杖，右雪杖前提，上体略倾，向前跟。

图 4—2—8

图 4—2—9

四、平地和上坡滑行动作

平地和上坡滑行动作包括单脚推进滑行、同时推进滑行和蹬冰式滑行技术等。

(一)单脚推进滑行

单脚推进滑行的动作方法(见图 4-2-10)是：

(1)两板平行，腿略屈，上体前倾；

(2)两杖前伸，杖尖撑在脚前 30 厘米左右，左脚抬起，右腿支撑身体；

(3)上体和两臂用力向下撑杖，同时将左脚收回至开始姿势。

图 4-2-10

（二）同时推进滑行

同时推进滑行的动作方法（见图 4-2-11）是：

（1）双板平行略分开，略屈膝，上体前倾；

（2）双雪杖同时向前摆动，杖尖在体前方着雪；

（3）两膝与上体加大前倾，双臂用力向后用杖支撑至肘臂伸直，重心下降，保持滑行姿势；

（4）两雪杖收回前摆时重心升起，准备第二次撑杖。

图 4-2-11

(三)蹬冰式滑行

蹬冰式滑行包括一步一撑、两步一撑和不撑杖等。

1.一步一撑

一步一撑的动作方法(见图 4-2-12)是:

(1)上体略前倾，膝关节略屈，双板平行与肩同宽，两臂自然弯曲，杖尖在身体侧后方;

(2)左侧板与前进方向成 45° 角，大腿用力向侧后方蹬伸;

(3)左脚蹬伸结束后，雪板抬离雪面，重心落在右侧腿上，向前方滑行，同时将左脚收回;

(4)右侧脚蹬伸时，同左侧脚相同;

(5)练习该技术时，重心一定要落在蹬动脚上，然后随着向侧后方的蹬伸，重心逐渐移到另一侧腿上。

2.两步一撑

两步一撑技术常用于坡度较陡、速度较快、雪面状况较差的场合，动作方法(见图 4-2-13)是:

与一步一撑基本相同，只是少一次后撑，即左雪板与右雪板各滑行一步，双雪杖同时后撑。

3.不撑杖

不撑杖技术即蹬雪时不撑滑雪杖，动作方法(见图 4-2-14)是:

(1)上体略弯曲;

(2)只靠腿部的滑雪动作充分发力和双臂的摆动来滑行。

图 4—2—12

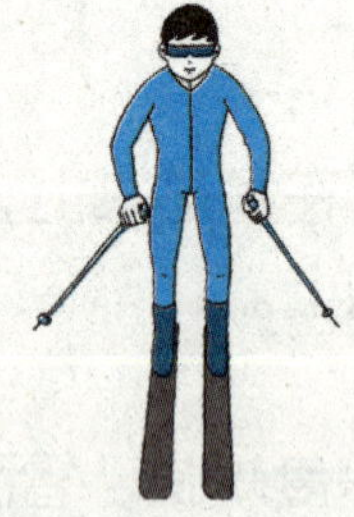

图 4—2—13

图 4—2—14

五、滑降技术

滑降，即在山坡上由上向下直线滑行，通常是在不施加外力作用的情况下靠重力自动加速滑行，可分为直滑降和斜滑降两种。滑降技术是高山滑雪的基础技术，是滑行速度最快的技术，也是初学者必须首先掌握的技术，包括滑降基本姿势、直滑降技术、斜滑降技术、横滑降技术、通过特殊地形的滑降技术、滑降中的加速与减速及滑降中停止等。

(一)滑降基本姿势

滑降基本姿势的动作方法(见图 4-2-15)是：

(1)呈平地穿雪板站立姿势，身体放松，两只雪板平行放平，要受力均匀，两板距离约同胯宽；

(2)双脚掌或双脚弓处承重，重心居中，双膝前顶，并有弹性地调整姿势，臀部适度上提，收腹，上体略前倾；

(3)双手握雪杖置于固定器前部外侧，与腰部同高，略外展，雪杖尖不拖地，肩放松，目视前方 10～20 米的雪面。

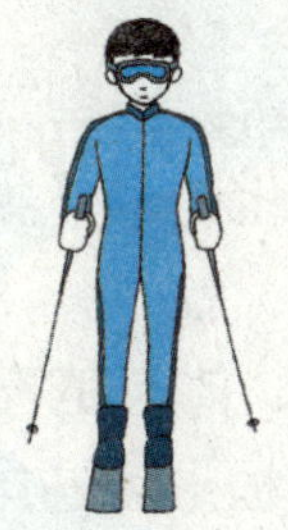

图 4-2-15

(二)直滑降技术

直滑降技术包括双板平行直滑降、犁式直滑降和半犁式直滑降等。

1.双板平行直滑降

双板平行直滑降的动作方法(见图 4-2-16)是:

(1)在平地上呈滑雪基本姿势，全身放松;

(2)依靠重力下滑，体态左右对称，重心落在两板中间;

(3)保持双雪板平行，板面与雪面吻合，双脚用力均等，踏实雪板;

(4)双膝始终切实前顶，富有弹性，不要僵直，时刻发挥其缓冲及调整的功能，保持紧凑平稳。

2.犁式直滑降

犁式直滑降的动作方法(见图 4-2-17)是:

(1)呈滑雪基本姿势，双雪板间的距离不要过宽或过窄，约 10 厘米;

(2)双板前端为假想圆心，双雪板为半径，以双脚拇指根部为力点，双脚跟同时向外扭转，将双雪板后部推开立内刃，板型呈犁状，两板尖相距约 10 厘米;

(3)双腿与雪面呈等腰三角形，双雪板呈犁式后靠中，双脚内侧均等用力滑行，大、中、小犁式变化时靠双脚拇指根部为轴转动;

(4)膝略内扣，重心位于两板中间，体态的左右外形、双腿的用力大小、双雪板的立刃程度、双雪板形成迎角的大小均应对称，上体放松，目视前方雪面;

(5)根据速度、坡度、雪质、用途的不同，随时移动身体重心；

(6)犁式滑行中除调整犁式的大小外，还可通过肌肉的内力对雪板刃施力的大小及立刃的强弱进行调整，达到控制速度、维持平衡的目的。

3.半犁式直滑降

半犁式直滑降的动作方法(见图 4-2-18)是：

(1)将一只雪板用脚跟推出立刃；

(2)另一只雪板仍基本处于正常的滑降姿势，呈半“八”字滑行，重心落在直滑降的那条腿上；

(3)身体自然前倾，不要倒向推出雪板的一侧；

(4)滑雪杖尖向后外张，杖杆与雪面平行，手握雪杖放于腹前。

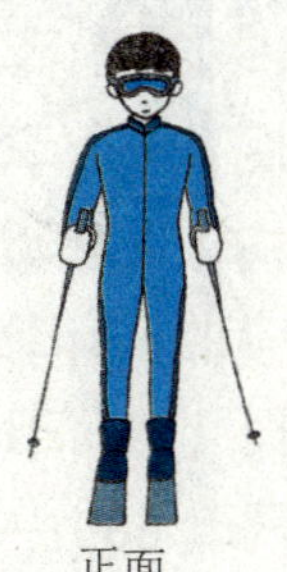

正面

前侧面

图 4-2-16

图 4—2—17

图 4—2—18

(三)斜滑降技术

斜滑降技术包括双板平行斜滑降和犁式斜滑降等。

1.双板平行斜滑降

双板平行斜滑降的动作方法(见图 4-2-19)是:

(1)呈滑雪基本姿势，在坡面上斜对下滑方向;

(2)山上板略向前半脚，山上膝略前，双膝向前上方倾压，双雪板山上刃刻住雪面，山下侧板承重大些，上体略向山下横倾和扭转，形成反弓反倾姿势，维持平衡;

(3)提起雪杖向下斜滑，在滑行过程中注意踩实雪板，滑行的路线要直，山下板承担主要体重;

(4)目视滑行方向前方 8～10 米处的雪面;

(5)斜滑降时，反弓形姿势的变化和用刃要与斜滑的速度和斜度协调一致，两臂自然放松，略提起雪杖;

(6)斜滑降中，滑雪杖只起加速作用。

2.犁式斜滑降

犁式斜滑降的动作方法(见图 4-2-20)是:

(1)呈梨式滑降姿势，斜对缓落线向下滑行;

(2)山下板的承重及立刃均略大些，身体形态不完全对称，重心向山下偏移。

图 4—2—19

图 4—2—20

(四)横滑降技术

横滑降技术的动作方法(见图 4-2-21)是：

(1)呈坡面穿双雪板站立姿势，两板尽量平行靠近，山上板也可略前；

(2)身体侧对前进方向，与斜滑降相比，上体有更大的向山下扭转的感觉；

(3)双腿基本直立，由双雪板山上侧刃刻住雪面，山下板通常承重大些；

(4)通过调整雪板刃角的大小来增减下滑的速度，即立刃时减速，放平雪板时速度增快；

(5)滑雪杖基本不用，当横滑速度太慢时，可将雪杖放于上体推助或支撑；

(6)雪板前部用力大些，雪板向前下方滑动，雪板后部用力大些，雪板向后下方滑动。

图 4-2-21

（五）通过特殊地形的滑降技术

通过特殊地形的滑降是指在不同类型地域上的正确滑行。前面介绍的几种滑降技术都假定场地和线路是平坦的或者基本上是平坦的。但实际上，在高山峻岭之间、林海雪原之中，地理环境随时都有变化，会遇到各种不同的地形。下面主要学习通过突陡地形、通过突平地形、通过突凸地形和通过突凹地形等技术。

1.通过突陡地形

突陡地形是指在滑降中突然遇到的坡度大的地形，通过突陡地形技术的动作方法(见图 4-2-22)是：

(1)遇到突陡地形，应迅速将小腿加大前倾角度，双脚踩住雪板；

(2)身体的其他部位都应立即跟上前移的重心，维持突然加快了滑速的身体的平衡，否则会后坐后倒；

(3)在加大小腿前屈的同时，前脚掌应主动将雪板前部压实，不使其向上翘起或抛离雪面；

(4)有经验的滑雪者还可以在进入陡坡处之前的刹那间，用双雪杖支撑跃起或略将腿提屈，使雪板脱离雪面腾空飞跃一段距离，越过缓坡与突陡坡交界的那个突凸地段。

2.通过突平地形

突平地形是指在滑降中突然遇到的较平或很平的地形，通过突平地形技术的动作方法(见图 4-2-23)是：

(1)滑雪者在进入突平处之前应将两只雪板的宽度减小些；

(2)同时有意识地将两雪板前后错开大约 20 厘米，重心落在两脚之间，形成两个前后的支点，使维持重心的前后支撑面积增大；

(3)这时后脚跟可以抬起一些，上体略直些，雪杖放在体侧；

(4)通过这种地形时雪板容易插入雪中，使雪板前进方向受阻，为了防止受阻的两只雪板“脱轨”失控，向不同的方向滑去，要及时地把“脱轨”的雪板尽快收拢回来；

(5)如果事前判断在进入突平处时雪板尖有插入雪中前翻折断的危险，就应果断采取应急的补救方法，如停止、急转弯等。

3.通过突凸地形

突凸处是指滑降中突然遇到的小的凸起地形，如小山包、坟墓、土堆、雪丘等等。通过突凸地形技术的动作方法(见图4-2-24)是：

(1)在进入突凸处之前应将上体向前略倾，将重心前引，防止后仰；

(2)达到凸峰时，腿应做适时的最大弯曲，使重心尽量降低；

(3)待滑到凸峰的对面时，重心要前移上升，身体姿势升高，同时要在前脚掌滑过凸峰的刹那间把雪板前部压在雪面上，使其不被颠起；

(4)这种地形滑行，滑雪杖一般不参与动作。

4.通过突凹地形

突凹处是指在滑降中突然遇到的凹陷地形和沟壑等。如果沟坡很大，沟底很深，没有可靠手段通过时，按危险情况处理，绝对不能强行通过；如果凹沟的两边缘距离不超过雪板长度、对面不高于近侧，可视为正常滑降，顺利通过；如果凹沟较大、滑行速度很快时，也可以直接越过。通过突凹地形的动作方法(见图4-2-25)是：

(1)越沟前可以使用雪杖支撑跳起，也可以用双脚蹬地反弹腾起，使雪板离开雪面；

(2)在空中，身体要保持适当的团缩，不能伸张以致失去平衡，腿要保持弯曲，雪杖放在身体两侧，目视大约的着陆地点；

(3)着陆时两膝缓冲，根据落点的地形调节重心，防止跌倒。

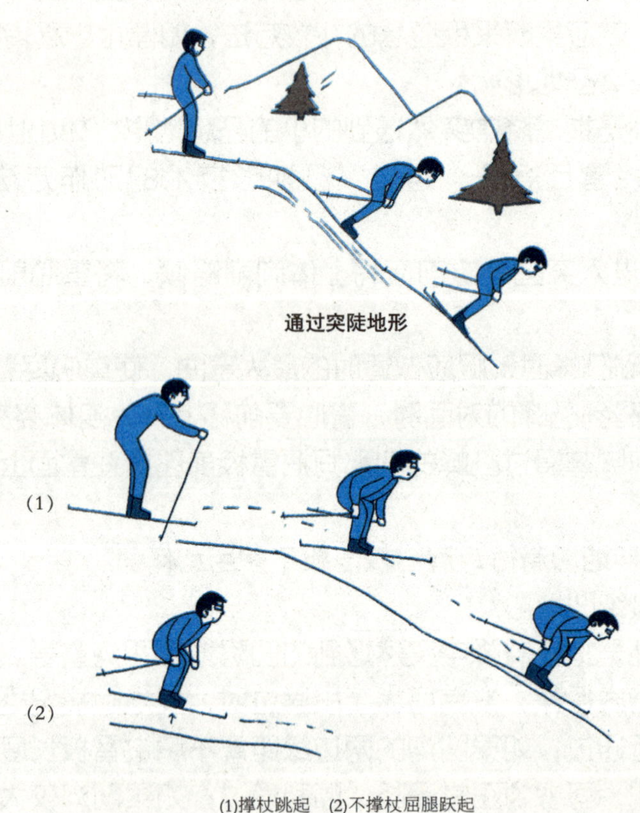

(1)撑杖跳起 (2)不撑杖屈腿跃起

跳过突凸地段

图 4-2-22

图 4-2-23

图 4-2-24

图 4-2-25

(六)滑降中的加速与减速

1.滑降中加速

滑降中加速，即在滑降的起始或途中用同时推进的技术进行加速，它只适用于低、中缓坡，如果在快速中使用，不但起不到作用，还会形成滑雪杖“空撑”，流于形式，很容易破坏平衡，造成失误。

2.滑降中减速

根据滑行速度、地势坡度采用不同的技术方式。如在高速、陡坡中，只能用双板平行连续转弯技术逐一减速；在慢速、缓坡中，可以用犁式滑降、半犁式滑降、横滑降的技术减速；初学阶段，主要运用犁式滑降技术来控制速度。

（七）滑降中停止

停止之前必须有一个制动减速的过程，有平地或逆坡时可自然停止；慢速缓坡中，用大犁式滑降技术停止；在陡坡中，用绕山急转弯及跳步转弯技术停止。

六、转弯技术

转弯技术是高山滑雪的重要技术之一，包括转弯的四个阶段、双轨平行连续转弯、犁式转弯、半犁式转弯、踏步转弯、蹬冰式转弯、跳跃式转弯和绕山急转弯等。

（一）转弯的四个阶段（见图 4-2-26）

转弯时，雪板在雪面上运行的轨迹是连续“S”形曲线，包括准备（过渡）、开始、滑进和结束等四个阶段。

1.准备阶段（过渡阶段）

准备阶段也可理解为连续转弯中上一个转弯的结束部分，动作方法是：

（1）身体处于低姿势的双板平行斜滑降势态；

（2）眼睛看准下一个转弯的方向及条件，集中精力，增强下一个转弯的意识。

2.开始阶段

开始阶段的动作方法是：

（1）雪板下的坡度变小，速度减低，此时重心应靠前点；

（2）随即点杖并向前上方引伸，重心逐渐升高，雪板变向变刃，交换重心，变换身体形态。

3.滑进阶段

滑进阶段的动作方法是：

（1）雪板下的坡度变大，速度增加，此时引伸动作结束（身体几乎站起来）；

（2）此阶段有沿滚落线直下滑的瞬间过程，速度必然增快，之后重心开始降低，重心前后居中；

（3）雪板在脱离滚落线的瞬间切入雪面，踏住外板滑行，形成反弓姿势，充分利用重力。

4.结束阶段

结束阶段的动作方法是：

（1）重心逐渐在前进中降低，雪板压力最大，雪板向上的曲度也最大；

（2）体重蹬压在外板上，充分利用滑进阶段所形成的惯性、速度，克服离心力，维持住转弯的态势；

（3）完成转弯后，进入双板平行标准姿态，再进入下一个转弯的准备阶段。

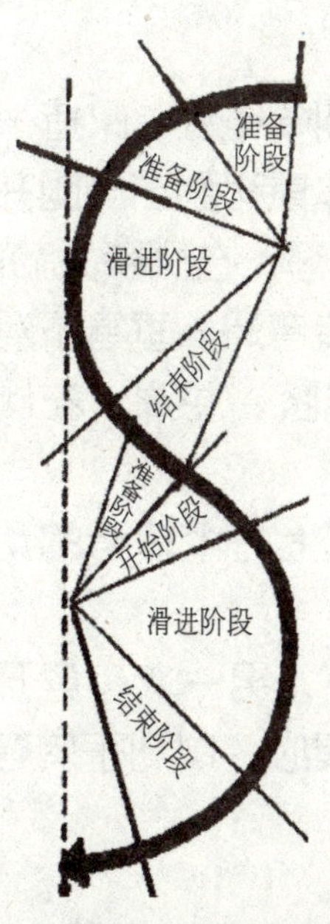

图 4-2-26

(二)双轨平行连续转弯

双轨平行连续转弯技术是在双脚平行滑行的基础上，演化出的一种转弯技术，该技术容易掌握，实效性强，适合初学者，因此初学者要好好掌握。双轨平行连续转弯技术的动作方法(见图4-2-27)是：

(1)身体姿势同直滑降或斜滑降姿势，双板平行，两脚间距为10厘米左右；

(2)从直滑降或斜滑降开始，保持一定速度，进入转弯阶段时身体重心略提起，将体重移到右侧腿并抬起左脚；

(3)重心向转弯内侧移，右侧膝关节向内扣，右板内刃蹬雪，板外刃辅助蹬雪，完成转弯滑入垂直下滑线；

(4)一边继续向前屈膝、屈踝，左侧腿支撑体重，进入下一个转弯；

(5)雪杖的撑动是从上一个转弯的动作结束阶段和下一个转弯开始阶段做起；

(6)一个转弯的结束，另一次转弯开始时，要利用蹬伸的反作用力，向斜上方提起重心，以利于转弯时重心的交换。

图4-2-27

(三)犁式转弯

犁式转弯是在犁式直滑降的基础上，以向一侧雪板移动重心等方式进行的转弯，它是一种相对静态的转弯技术，即转弯过程中身体各部分动作没有明显的变化，包括移动重心向左犁式转弯、改变迎角方向犁式转弯、犁式转弯练习和用手触压主动腿膝盖练习等。

1.移动重心向左犁式转弯

移动重心向左犁式转弯的动作方法(见图 4-2-28)是：

(1)以犁式直滑降的姿势为前提，左右腿始终保持两个等腰三角形的基本状态，不要后坐；

(2)向左侧雪板移动重心加大左雪板重力，此时右雪板减轻负重或不负重；

(3)左雪板开始向右自然转弯，成为转弯主动板，同时右雪板被动地跟随着左雪板向左转动，成为从动板，上体尽量面向山下；

(4)向右转弯完成之后，延续一段向右的犁式斜滑降；

(5)向左转弯之前可进行引伸，向右侧雪板移动重心加大右雪板重力，此时左板负重减轻或不负重，右雪板开始向左自然转弯，成为转弯的主动板，同时左雪板被动地跟随着右雪板向左转动，成为从动板，上体尽量面向山下；

(6)向左转弯完成之后，延续一段向左的犁式斜滑降；

(7)初学阶段滑雪杖不参与转弯动作，视线要与转弯方向大致相同。

2.改变迎角方向犁式转弯

改变迎角方向犁式转弯的动作方法(见图 4-2-29)是:

以双脚拇指根部为力点，以雪板尖部或脚下为圆心，扭动腿、脚，使雪板的板形发生变化，形成迎角。

3.犁式转弯练习

犁式转弯的练习方法(见图 4-2-30)是:

(1)在缓坡慢速中，进行靠左侧、靠右侧轮换移动重力的转弯;

(2)靠左侧、靠右侧雪板轮换加大立刃的转弯;

(3)靠左侧、靠右侧雪板腿部轮换蹬推的转弯;

(4)靠左侧、靠右侧雪板轮换改变迎角的转弯;

(5)用手部动作促使转弯的练习。

4.用手触压主动腿膝盖练习

在缓平坡上，双手交替触压主动板侧的膝盖，做向左、向右转弯练习，动作方法(见图 4-2-31)是:

(1)不持雪杖，姿势适当降低;

(2)双手握住双雪杖的两端，横在胸前或肩上，或背在腰后，尽量使雪杖与前进方向垂直。

图 4-2-28

图 4-2-29

图 4—2—30

图 4—2—31

(四)半犁式转弯

半犁式转弯可以称为半犁转弯，许多要领和犁式转弯相同。因此在学习犁式转弯的基础上再学习半犁式转弯就相对比较容易。半犁式转弯的动作方法(见图 4-2-32)是：

(1)转弯前呈半犁式滑降姿势，呈直滑降势态的那只雪板是半犁式转弯的从动板，呈半“八”字滑降势态的那只雪板是主动板；

(2)转弯时把重心像犁式转弯那样向主动板一移即可。

图 4-2-32

（五）踏步转弯

踏步转弯是左、右雪板交替轮换承受体重、提离雪面向一侧改变方向的简易转弯方法，特点是转弯无弧迹，以向右转弯为例，动作方法(见图 4-2-33)是：

(1)呈向右双板平行斜滑降姿势滑行，左雪板承重保持滑行状态，提抬右雪板向右前方展开迈出；

(2)右雪板落地承重，保持滑行状态，同时提抬左雪板向前右方相应迈出，向右雪板跟并；

(3)左雪板落地，双雪板承重呈斜滑降姿势滑行，再次提抬右雪板向前右方迈出；

(4)右雪板落地承重，保持滑行状态，同时再提起左雪板向前右方迈出，向右雪板跟并；

(5)提抬雪板没有明显的蹬雪动作，只是交替向左挪动；

(6)滑雪杖提离雪面，不参加动作，也可试着加速。

图 4-2-33

(六)蹬冰式转弯

蹬冰式转弯的动作方法(见图 4-2-34)是：

(1)呈滑雪基本姿势，面向山下或面向左斜下方站立；

(2)左腿屈膝，用左板内刃向右前方蹬动，同时提起右雪板向右前方扭转呈一定角度，迅速跨出(雪杖也可快速同时后撑)；

(3)右雪板在新方向着地承重滑行(用全板面滑或内刃滑)，左雪板蹬动后提起向右前方跨随，双雪杖快速向左前方提起，上体随即也向右前方移动；

(4)左雪板落地承重滑行，如需继续向右转弯，可屈腿蹬动，再向右跨出，右雪板重复前一动作；

(5)蹬冰式向右转弯，右雪板主要是跨出，左雪板主要是蹬动，两雪板作用有明显的差别。

图 4—2—34

(七)跳跃式转弯

跳跃式转弯(以向左转弯为例)的动作方法(见图 4—2—35)是:

(1)呈双板平行向右斜滑降姿势;

(2)双膝关节同时强力地向右下侧推压,猛然用双雪板山上侧刃向下蹬雪;

(3)点左滑雪杖,借助蹬雪的反作用力使整个身体腾空,在空中刹那间的飞行中改变雪板方向,使其呈向左斜方向着雪面;

(4)雪板着雪后的滑行中,双雪板转弯内侧的刃产生蹬推动作,加大雪板转动速度,向左转弯结束;

(5)转弯过程中,上体要始终保持面向滚落线。

图 4-2-35

(八)绕山急转弯

绕山急转弯(以向左转弯为例)的动作方法(见图 4-2-36)是:

(1)呈双板平行向左侧斜滑降姿势滑行，右雪板主要承重；

(2)双膝同时向左上侧加大倾顶，加强右雪板的蹬力与承重，同时双脚后部略向山下蹬推雪板，降低重心，呈反弓形，踏住雪板不松动，直到完成转弯；

(3)绕山急转弯的雪板尖应超过滚落线的垂线，而朝向山上；

(4)滑雪杖可不参与动作。

图 4-2-36

第五章 高山滑雪比赛规则

比赛需要遵循一定的程序来开展，同时也需要必要的裁判工作来维持。合理的程序是比赛顺利进行的前提条件，正确、合理的裁判工作是比赛公平、公正的基本保障。了解比赛规则的相关知识，能够使我们更全面、更深入地欣赏比赛，同时又能使运动员游刃有余地进行比赛。

第一节 程序

运动员参加比赛要严格遵守章程规定的程序，以保证比赛的顺利进行。

一、参赛方法

运动员参加竞赛，必须在规程规定时间内，采用书面形式，一式两份地向主办单位和承办单位报名。

报名时要说明姓名、性别、民族、出生年月日、竞赛组别和参赛项目等。

二、比赛方法

（一）出发

（1）高山滑雪的每个项目比赛均采用单人出发制，出发顺序通过抽签决定；

（2）有的项目要滑两次，第二次出发的顺序由第一次比赛成绩确定；

（3）出发的时间间隔一般为 60 秒，只有回转项目采用不等时出发；

（4）出发时，运动员必须身穿经裁判员检查并认可的服装，佩戴出发号码布，头戴护盔，脚穿滑雪板，手持滑雪杖，必须使用脱离式固定器。

（二）比赛形式

比赛形式主要分为速降、回转、大回转、超级大回转和团体赛等。团体赛形式多种多样，具体办法由主办单位在规程中说明。

第二节 裁判

裁判是比赛顺利进行的基本保障，是比赛公平、公正的基础。了解裁判工作的相关知识，有助于我们更加深入地欣赏比赛，也有助于运动员充分发挥自己的技术水平，取得好成绩。

一、裁判员

裁判员必须严格遵守《裁判员守则》。在执行工作中，如发生意见分歧，职责不清，除允许保留意见外，必须按照裁判职务，逐级服从其决定。如涉及具体裁决，则应充分尊重岗位裁判员的意见。

（1）裁判长 1 人，副裁判长 1 人；

（2）场地线路长 1 人；

（3）线路检查长 1 人，线路检查员 15～20 人；

(4)线路设计长 1 人，线路设计员 2～3 人；

(5)发令员 1 人，助理发令员 1 人；

(6)检录员 1～2 人；

(7)计时记录长 1 人，计时员 3～6 人，记录员 2～3 人；

(8)终点裁判员 1 人；

(9)公告员 1 人；

(10)编排统计长 1 人，统计员 1～2 人。

二、计时

(1)运动员抵达终点，以任何一只脚的脚尖到达终点线为准；

(2)各单项成绩以起点抵达终点的实际滑行时间计算；

(3)如果竞赛多次，以各次的实际滑行时间之和计算；

(4)两名以上的运动员同一单项成绩相同时，名次并列。

三、赛制

(1)滑降、超级大回转只进行一次，但线路的高度差达不到规定标准时，除增加难度外，也可在同一天同一线路上连续滑行两次；

(2)大回转要在一天内在两条不同的线路上各滑行一次，共计两次；

(3)回转要在一天内在两条不同线路上连续各滑行一次，共计两次；

(4)全能项目中的全能滑降、全能大回转、全能回转，一般情况下只滑行一次。

四、注意事项

(1)必须按线路上的标志滑行，依次有效地通过所有的旗门及终点门；

(2)起滑和滑行中，不得借助任何外力；

(3)当其他运动员要求让路时，必须迅速让开；

(4)滑行中撞倒旗杆、超出方向旗范围及跌倒、回跑等不算犯规；

(5)在不借助外力的情况下，允许修理、更换雪具。

五、判罚

凡运动员违反下列规定按犯规处理，取消其竞赛资格：

(1)不符合运动员资格者；

(2)不符合年龄规定者；

(3)以不正当手段参加竞赛者；

(4)封场后，仍有意在线路上练习或私自改动旗门或标志，以及不穿滑雪板视察线路者；

(5)发令时，点名 3 次或预告后超过 30 秒钟不到，以及违背发令顺序者；

(6)电动计时时抢滑 3 秒钟以上，人工计时时抢滑 3 次以上者；

(7)没按指定的路线和标志滑行者；

(8)没有正确通过所有旗门或终点门者；

(9)不迅速让路或有明显阻挡者；

（10）不遵守安全规定，未戴头盔、防风镜及脱离固定器者，私自安装和携带严禁物品者；

（11）不佩戴大会的号码布者；

（12）无理要求重滑者；

（13）未穿雪板离开“停止区”者；

（14）严重违反赛区纪律和不服从裁判员裁决者。

单板滑雪

第六章 单板滑雪概述

单板滑雪是一项以一块滑雪板为工具，在规定的山坡线路上快速回转滑降，或在特设的“U”形场地内凭借滑坡起跳，在空中完成各种高难动作的雪上竞技项目。单板滑雪凭借其特有的刺激和优美感风靡全球，在欧洲以及北美地区每年都有数以百万计的“板友”为它疯狂。

第一节 起源与发展

单板滑雪虽然起源较晚，但是发展速度较快，并很快就成为青少年所喜爱的体育运动项目之一。

单板滑雪产生于 20 世纪 60 年代美国的密歇根州。当时有一位叫舍曼·波潘的美国人，为了教自己的女儿练习滑雪，突发奇想，把两只雪板连接在一起，做成一块雪板，乘在这样的雪板上，可如同冲浪一样在山坡上自由滑下。

附近的孩子们惊奇地发现了这种可以冲起雪浪的雪板后，便争先让舍曼·波潘帮助制作，这种雪板深受孩子们的喜爱。不久市场上便出现了安有把手的单板，雪板的前部还有了翘起，对滑下非常有利，这种单板被广泛运用于少年儿童的娱乐之中。孩子们在庭院里或山坡上乘单板滑下时充满了笑声，充满了快乐，单板为孩子们的冬季生活增添了无限的乐趣。

伴随着单板的不断改进和单板滑雪运动在世界范围内的开展，单板滑雪运动吸引了时任国际奥委会主席萨马兰奇的目光，他明确期望单板滑雪能够成为 1998 年长野冬奥会的正式比赛项目。

经过国际滑雪协会(FIS)的积极运作，在日本长野冬奥会上，单板滑雪的高山大回转和“U”形场地雪上单板技巧成为正式比赛项目。

二、发展

单板滑雪运动发展得特别迅速，自 20 世纪 60 年代以来，不过短短几十年时间，它已经成为风靡世界的体育项目。

（一）国际单板滑雪

近年来单板滑雪无论是在大众健身、娱乐，还是竞技方面都获得了飞速的发展。发展较快的国家除了单板滑雪发源地的美国之外，还有法国、瑞士、挪威、芬兰、加拿大、澳大利亚及亚洲的日本，以上国家单板滑雪运动的发展大有替代双板高山滑雪的趋势。

1976 年，以美国为中心成立了北美单板协会。

1982 年，美国举行了全国锦标赛。

1983 年，亚洲的日本成立了单板协会(JSBA)。

1983 年，美国举行了第一次单板滑雪比赛。

1987 年，欧洲成立了欧洲单板协会(SEA)。

1987 年，成立了国际单板联盟(ISF)。

1987—1988 年开始了每年多站的世界杯比赛。

1998 年，日本长野冬奥会上，单板滑雪的高山大回转和“U”形场地雪上单板技巧成为正式的比赛项目。

2002 年在美国盐湖城冬奥会上，“U” 形场地雪上单板技巧依旧是正式比赛项目，单人大回转项目被取消，替代的是单板双人平行回转。

2006 年在都灵召开的冬奥会上，增设了四人超级争霸赛。

(二)国内单板滑雪

我国每年设置七站大众的单板滑雪赛，并在相关滑雪场举办单板滑雪学习班，还在沈阳体育学院举办了单板滑雪的培训班和“U”形场地单板雪上技巧官员、裁判员学习班，这些举措都推动了单板滑雪运动在我国的发展。

现在，黑龙江省的哈尔滨市，吉林省的长春市、吉林市，辽宁省的沈阳市等地均组织了“U”形场地单板雪上技巧队伍并进行训练，为了提高理论水平，还按计划组织了外教的讲学和培训。

在场地方面我国已经修建了 4 个标准场地，分别建在亚布力滑雪场、哈尔滨体育学院滑雪场、长春莲花山滑雪场和沈阳体育学院滑雪基地。冰雪专家认为，中国的“U”形场地单板雪上技巧项目同自由式滑雪空中技巧一样，具有极大的发展空间，是夺取奖牌潜力极大的雪上竞技项目。

第二节 特点与价值

单板滑雪作为健身、娱乐和休闲的体育手段，有其自身的特点和价值，主要表现在以下几个方面：

一、特点

单板滑雪与高山滑雪和越野滑雪在雪板上有本质的区别，它只有一块雪板，滑雪者就是凭借这一块雪板来做出各种更优美、更酷、更炫的动作的。

单板滑雪者不需要雪杖来推动身体的滑行，主要借助山坡、雪板和自身的力量来控制身体滑行的速度。

单板滑雪的技巧性很强，动作也变化多样，尤其是大家休闲娱乐时，在保证安全的情况下，滑雪者可以尽情发挥，做出各种动作，娱乐性和观赏性较高。

二、价值

滑雪者在单板滑雪中，不仅能深刻体会到高山雪景的壮美，能在滑行和回弯中，使手臂、腰部、臀部和腿部的肌肉得到锻炼，各个关节可以得到拉伸而增加灵活性，还能锻炼人体的平衡能力、柔韧性，提高小肌肉群的力量。

（一）增强身体柔韧性

在滑雪的过程中，滑雪者要做出优美流畅的动作、顺利地滑降和制动，是需要身体各个关节的配合才能达到的。通过这样的配合，人体所有的关节都能得到比较良好的锻炼，从而激活僵硬的身体，使身体的柔韧性增强。

（二）锻炼身体平衡能力、协调能力

滑雪运动是一项全身运动，需要滑雪者在身体重心的不断切换中找到平衡点，实质上就是一个掌握身体平衡的过程。

与平衡能力密切相关的就是协调能力。滑雪者只有充分协调好全身的每个部位，才能在滑行中取得最好的平衡效果，做出最漂亮的动作。

（三）增强心肺功能

滑雪和跑步、游泳一样属于有氧运动，能够增强心肺功能。

此外，在雪场的冷空气中运动，也是对身体氧气运输系统的考验，这就在无形中锻炼了心血管缩张的能力。

（四）塑身作用

对于想塑身的人来说，滑雪是一项不错的运动。数据表明，一个速度正常的滑雪者 1 小时消耗的热量为 734 卡，相当于在 1 小时内跑 9.5 千米的运动消耗量。

（五）振奋精神，愉悦身心

有的人到了冬天，就会变得忧郁、沮丧、易疲劳、注意力分散，或工作效率下降等，专家把这种现象称为“冬季抑郁症”。改变低落情绪最基本的方法就是运动，尤其是室外运动。通过室外滑雪运动可以振奋人的精神，愉悦身心，能有效地缓解“冬季抑郁症”。

第七章 单板滑雪场地、器材和装备

单板滑雪是一项冬季运动项目，场地、器材和装备直接影响到滑雪者技术的发挥和个人的安全，所以了解它们对每位滑雪者都非常重要。

第一节 场地

场地是进行单板滑雪运动的前提。滑雪者必须熟悉和了解滑雪场的场地设施，因为它直接影响着滑雪的质量，同时也关系到滑雪者的安全。

一、场地要求

单板滑雪道的最低要求如下：

（一）单板回转、大回转

（1）至少有两条在自然山坡上修建的滑雪道，面积大于 6000 平方米，每一条的长度至少 100 米；

（2）至少有一处适于初学者用的初级滑雪场地；

（3）滑雪道的停止区须开阔平缓，初级滑雪道能达到滑行基本自然停止。

（二）大众单板滑雪“U”形场地

（1）“U”形场地坡度不得大于 15°；

（2）“U”形场地双侧不能形成“陡壁”；

（3）“U”形场地周围 5 米之内不得有障碍物；

（4）"U"形场地终止区要开阔、安全。

二、滑雪场标志

滑雪场应有指示标志，它会起到提示或警告滑雪者的作用。了解雪场标志的作用与含义，对滑雪顺利、安全地进行十分重要。

（一）滑雪场标志要求

（1）滑雪场内须设公共指示标志，并应符合相关标准的要求；

（2）滑雪场区内要设立醒目的不小于 8 平方米的向导示意图，标有场区范围、各条滑雪道、各条索道、器材出租场所、教练员席、救护处、问询处及其他服务内容位置；

（3）在滑雪场地及滑雪道上应设有规范、醒目的滑雪专项标志。

（二）常见滑雪场标志（见图 7-1-1）

停车场

办理手续

双人吊椅

杆式拖牵

径直向前

径直向左

请放下护栏

请抬起护栏

雪板前端抬起

从右侧下吊椅

救护站

禁止转弯

禁止摇晃吊椅

禁止滑滑雪

禁止放开拖牵

禁止单板滑雪

危险

注意雪道狭窄

注意雪道交叉

注意拖索陡坡

向右转弯

图 7–1–1

第二节 器材

初学者应了解滑雪场标志，并且熟记。

单板滑雪运动对器材有较高的要求，它所需要的器材主要包括滑雪板、滑雪板固定器、滑雪靴等。滑雪者只有了解它们的性能，

一、滑雪板

才能选出适合自身特点的器材。

初学者应选用刃较长、中间较宽、弧度小的滑雪板。这样的滑雪板滑行速度平稳，弹性较大且容易纠正错误。滑雪板的长度最好在从地面到肩膀的高度至从地面到眼睛的高度间的范围之内（见图 7—2—1）。

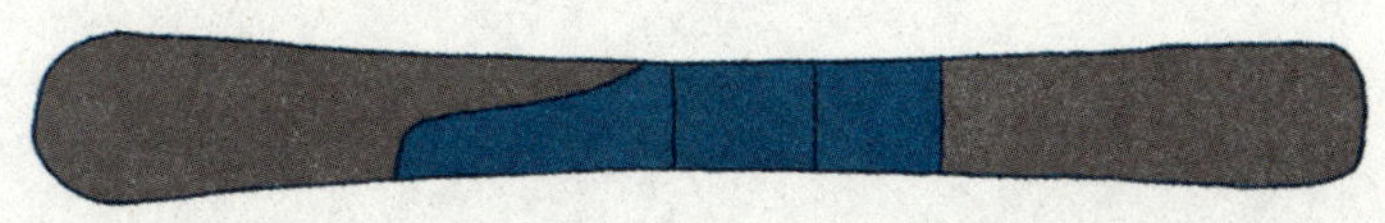

图 7—2—1

二、滑雪板固定器

初学者最好选用比较软的固定器，这样会感到更舒适，并且利于掌握单板滑行技术(见图 7—2—2)。

图 7—2—2

三、滑雪靴

滑雪靴是否合脚直接影响着滑雪者技术水平的发挥。滑雪者在选择靴子时应多试穿，靴子一定要舒适合脚（见图 7—2—3）。

图 7-2-3

第三节 装备

单板滑雪的装备包括滑雪夹克、滑雪裤、滑雪手套和护具等。

一、服装

(一)滑雪夹克(见图 7-3-1)

(1)进行单板滑雪运动时应选择防水、防风、保暖、不妨碍行动又可减少风的阻力的滑雪夹克;

(2)滑雪夹克的衣袖长度,应以伸直手臂后长于手腕为标准,袖口应具有可调松紧的功能。

图 7-3-1

(二)滑雪裤(见图 7-3-2)

(1)应选择防水、防风、保暖、舒适、不妨碍行动又可减少风的阻力的滑雪裤;

(2)滑雪裤长度,应以人蹲下后裤角到脚踝部长度为准。

图 7-3-2

（三）滑雪手套（见图 7-3-3）

（1）滑雪手套一般采用天然皮革和合成材料制成，为防止手被冻伤，应选择保暖性好的不透水面料；

（2）应选择五指分开、腕扣可调松紧、腕口最好能将袖口罩住的手套。

图 7-3-3

二、护具

（一）滑雪帽（见图 7-3-4）

滑雪帽必须能遮住耳朵，戴上后要能紧贴头部，这样即使剧烈运动帽子也不易松脱。最好选择弹性较好的绒线帽。

图 7-3-4

(二)滑雪镜(图 7-3-5)

滑雪中冷风对眼睛的刺激很大,雪地上阳光反射很强,所以滑雪者应准备一副具有防雾、防紫外线、防风等性能的滑雪镜。

图 7-3-5

（三）其他护具（见图 7-3-6）

对初学者来说，在单板滑雪中，腕部、肘部和踝部容易受伤，所以佩戴护腕、护肘和护踝尤为重要。

图 7-3-6

第八章 单板滑雪基本技术

学习单板滑雪首先必须掌握单板滑雪的基本术语，然后才能学习单板滑雪的基本动作，前者是掌握单板滑雪技术的基础。本章主要介绍基本术语、基本动作和花样单板滑雪。

第一节 基本术语

学习单板滑雪的基本术语，有助于在最短的时间内掌握单板滑雪的基本技术。单板滑雪的基本术语有：

(1)单板滑雪前刃：在体前脚尖一侧的刃；

(2)单板滑雪后刃：在体后脚跟一侧的刃；

(3)山上刃：靠山上一侧的刃；

(4)山下刃：靠山下一侧的刃；

(5)固定腿：一般将平时习惯的起跳腿作为固定腿；

(6)背侧：单板滑雪板上靴跟的一侧，即后背面对的方向；

(7)前侧：单板滑雪板上靴尖的一侧，即前胸面对的方向；

(8)脚跟边：单板滑雪板上靴跟部分的边缘；

(9)前手：靠近滑雪板前端的手；

(10)后手：靠近滑雪板尾端的手；

(11)平地单脚蹬滑：在雪地上将固定脚固定，活动脚连续向后蹬动雪面，推动雪板滑行的技术动作；

(12)花样：在空中时，上下身向相反的方向旋转，着地之前向回转，正常着地。

第二节 基本动作

学习单板滑雪的基本动作是掌握单板滑雪的基础，学习好每一项单板滑雪的基本动作，能够为以后学习连贯动作及花样单板技术打好坚实的基础。单板滑雪的基本动作包括滑雪板穿法、站立、安全摔倒、摔倒后站起、方向变换、登行、单脚滑行、变刃、滑降技术、转弯技术、从斜降到转弯、落叶飘、斜滑降回山和减速与停止等。

一、滑雪板穿法

对于刚刚练习单板滑雪的初学者来说，如果以前从来没有接触过滑雪板，在练习之前首先要知道如何穿滑雪板，然后才能学习动作。滑雪板穿法包括以高姿势穿鞋和以坐姿穿鞋。

（一）以高姿势穿鞋

以高姿势穿鞋的动作方法（见图 8-2-1）是：

（1）用右脚（后脚）踩住滑板，以固定滑板；

（2）将左脚（前脚）插入鞋套中，记得先将雪鞋下的积雪清理干净；

（3）鞋套上有两条快扣，将其扣紧，不要有太大的空隙，以免雪鞋在鞋套内滑动，使脚部动作产生误差。

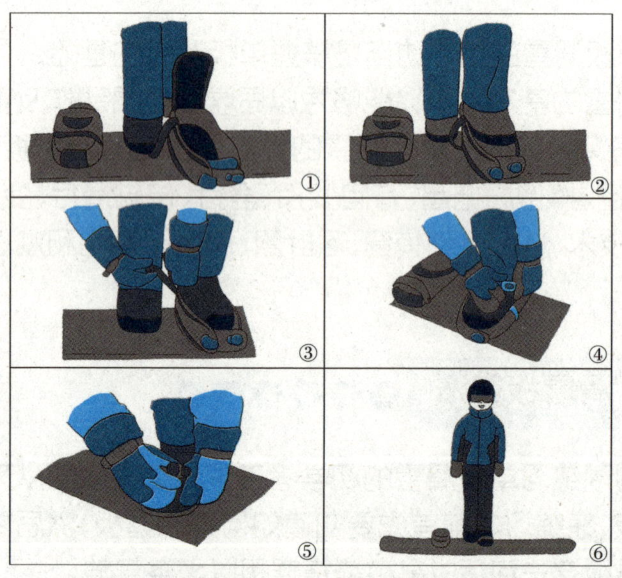

图 8—2—1

(二)以坐姿穿鞋

以坐姿穿鞋的动作方法(见图 8—2—2)是:

(1)同样固定住滑板,先套入前脚;

(2)扣紧鞋套上的快扣;

(3)接着再穿上后脚,重复前两步步骤。

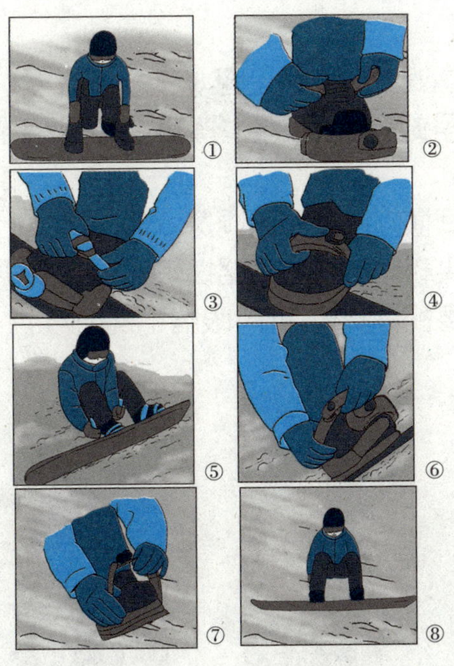

图 8-2-2

二、站立

正确的站立是单板滑雪各项技术动作的基础，包括基本站立和低姿站立等。

（一）基本站立

基本站立的动作方法（见图 8-2-3）是：

（1）身体呈站立姿势，双大臂略抬起，双手臂略弯曲于胸腹两侧，手同肩宽；

（2）双脚间横向距离与肩同宽，双膝略屈，上体基本直立；

（3）双脚尖朝固定腿方向略扭转站稳，重心居中，全身放松；

（4）上半身配合滑板动作，眼睛平视前方。

图 8-2-3

（二）低姿站立

低姿站立常在转弯及需要降低身体重心的情况下使用，动作方法（见图 8-2-4）是：

(1)弯曲上半身、腰和膝盖；

(2)保持全身关节的弹性；

(3)目视前方。

图 8-2-4

三、安全摔倒

在学习单板滑雪的过程中，摔倒是不可避免的。一旦摔倒，应有强烈的自我保护意识，主动采用安全摔倒的方式。安全摔倒包括面山摔倒和面谷摔倒等。

(一)面山摔倒

面山摔倒的动作方法(见图 8-2-5)是：

(1)膝盖先着地；

(2)手掌随即置于胸前撑地；

(3)将冲击的力量依膝、手掌渐次散去。

图 8-2-5

(二)面谷摔倒

面谷摔倒的动作方法(见图 8-2-6)是：

(1)臀部先着地；

(2)依臀、腰、手的顺序，渐次将力量散去；

(3)即使戴着安全帽，也尽量避免让头部直接撞击雪面。

图 8-2-6

四、摔倒后站起

初学者在滑雪时会经常摔倒，正确的站起姿势显得非常重要。站起的方法包括面山站起和面谷站起。

（一）面山站起

面山站起的动作方法（见图 8-2-7）是：

（1）以脚趾侧的钢边及膝盖撑地；

（2）以手为支撑，下半身先起；

（3）手离地至完全站立。

图 8-2-7

(二)面谷站起

面谷站起的动作方法(见图 8-2-8)是:

(1)以脚跟侧的钢边及臀部顶地;

(2)以手为支撑,下半身先起;

(3)手离地至完全站立。

图 8-2-8

五、方向变换

初学单板滑雪者可能会因为雪板太长感到难以控制，这样单板的方向变换技术就显得尤为重要。方向变换技术包括单脚方向变换、双脚着雪板方向变换和跳转方向变换等。

（一）单脚方向变换

单脚方向变换的动作方法（见图 8-2-9）是：

（1）以未着雪板的脚为支点，转动已穿套雪板的脚，移向将要前往的方向；

（2）用脚趾侧的钢边卡住雪板，控制雪板。

图 8-2-9

（二）双脚着雪板方向变换

双脚着雪板方向变换的动作方法(见图 8-2-10)是：

(1)上半身躺下，用腰力转动雪板；

(2)如果腰力不够，可以双手抱住单脚大腿部位，腿部用力，并以手力协助转动雪板。

图 8—2—10

(三)跳转方向变换

跳转方向变换包括面谷转为面山和面山转为面谷。

1.面谷转为面山

面谷转为面山的动作方法(见图 8—2—11)是:

(1)面谷站立;

(2)压低身体,以此作为原地跳跃的助力;

(3)跳跃时,上半身先转动,带动滑板转向;

(4)面山站立。

2.面山转为面谷

面山转为面谷的动作方法(见图 8-2-12)是:

(1)面山站立;

(2)压低身体,以此作为原地跳跃的助力;

(3)跳跃时,上半身先转动,带动滑板转向;

(4)面谷站立。

图 8-2-11

图 8-2-12

六、登行

登行的动作方法(见图 8-2-13)是:

(1)穿雪板的脚置于体后,以脚趾侧的钢边卡住雪面;

(2)两脚像走路一样交互支撑;

(3)不要走得太快,以免雪板和脚互撞。

图 8-2-13

七、单脚滑行

单脚滑行的动作方法(见图 8-2-14)是:
(1)穿着雪板的脚在前,用后脚推雪;
(2)目视前方,保持身体平衡;
(3)雪板在向前滑动时,后脚可置于雪板后鞋套前。

图 8-2-14

八、变刃

变刃技术主要用于变换方向，包括由后刃变前刃和由前刃变后刃等。

(一)由后刃变前刃

由后刃变前刃的动作方法(见图 8-2-15)是:

(1)后刃(山上刃)刻在山坡雪面上,身体呈站立姿势,面向地面山下;

(2)下蹲后坐在雪坡上,然后仰躺于雪坡上,弯曲固定腿,使同一侧雪板尖向山上提升一些,雪板与滚落线呈一定角度;

(3)身体向固定腿一侧扭转的同时,活动腿提拽雪板于空中,同时扭转,使身体与雪板都翻转180°,身体俯卧于雪坡上;

(4)用双手支撑上体,前刃(原山下刃)刻住雪面,同时双膝弯曲跪在雪坡上,再站起。

图 8-2-15

(二)由前刃变后刃

由前刃变后刃的动作方法(见图 8-2-16)是:

(1)首先头朝山上俯卧在山坡上,用前刃刻住雪面;

(2)弯曲一条腿,使同侧雪板尖向山上侧提升一些;

(3)身体向该侧转体,同时相应腿提拽雪板扭转至180°,身体仰躺于雪坡上;

（4）坐起并收拢雪板，用后刃刻住雪面；

（5）用手撑雪面站起。

图 8–2–16

九、滑降技术

滑降技术常用于从山上滑下落地及速降，包括横滑降技术、斜滑降技术和直滑降技术等。

（一）横滑降技术

横滑降技术包括前刃横滑降技术和后刃横滑降技术等。

1．前刃横滑降技术

前刃横滑降技术的动作方法（见图 8–2–17）是：

（1）面向山上，在保持基本姿势的前提下，雪板横在山坡上，与滚落线垂直；

（2）双膝加大前屈，双脚掌均等用力，将山上板刃（前刃）刻于雪面；

（3）利用双膝与双脚的协调动作，试探性减轻雪板的立刃程度，也可放平雪板，使雪板自然向下滑动。

2.后刃横滑降技术

后刃横滑降技术的动作方法（见图 8-2-18）是：

（1）面向山下，在保持基本姿势的前提下，雪板横在山坡上，与滚落线垂直；

（2）双膝略伸展，双脚后侧均等用力，将山上板刃（后刃）刻于雪面；

（3）利用双膝与双脚的协调动作，试探性减轻雪板的立刃程度，也可放平雪板，使雪板自然向下滑动。

图 8-2-17

图 8-2-18

(二)斜滑降技术

斜滑降技术的动作方法是:

(1)在基本姿势的前提下,转动双臂与上体,使其与滑行方向大致相同,以滑行中的板刃承重;

(2)用膝部弯曲与脚踝前后的压力来增减立刃角度;

(3)斜滑中前后刃可以变换滑行。

(三)直滑降技术

直滑降技术的动作方法(见图 8-2-19)是:

(1)在基本姿势的前提下,放平雪板,转动双臂与上体;

(2)使上体面向山下,与雪板运行方向大致相同;

(3)前脚主要承重。

图 8—2—19

十、转弯技术

转弯技术常用于躲避障碍物及标志物，包括单个转弯和连续转弯等。

(一)单个转弯

单个转弯的动作方法(见图 8—2—20)是：

(1)身体呈单板斜滑降时的姿势；

(2)身体前倾，重心前移，前脚始终承担主要体重；

(3)双臂与上体向转弯内侧扭转，作为转弯动作的前导动作，并控制转弯方向；

(4)摆动活动腿，改变雪板迎角，屈膝压低重心，加大雪板承重，同时立刃，调移迎角。

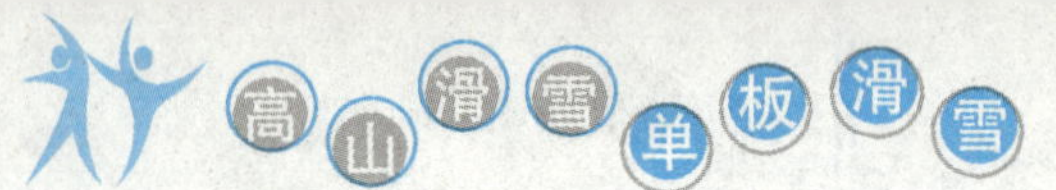

图 8-2-20

(二)连续转弯

连续转弯的动作方法(见图 8-2-21)是:

(1)膝盖的上下动作在方向变换之间起着重要作用;

(2)滑行过程中,下半身外倾,上半身内倾;

(3)雪板的钢边要有释放再加上压力的转换;

(4)注重眼睛调整和手的功能性。

图 8-2-21

十一、从斜降到转弯

从斜降到转弯动作可以起到减速的作用，但对初学者来说，由于方向的变化，要想灵活、熟练地掌握，必须经过反复练习，包括自面谷转面山和自面山转面谷等。

（一）自面谷转面山

自面谷转面山的动作方法（见图 8-2-22）是：

（1）面谷横滑出发；

（2）放掉雪板上的压力，身体、膝盖拉直，原先与雪面接触的脚跟侧也放掉压力、摆平；

(3)身体保持略前倾,使雪板打直往下滑动;

(4)脚趾端钢边接触雪面,准备转向;

(5)压低重心,身体、膝盖渐次弯曲,后脚脚趾顺势向后拉;

(6)配合雪板本身的弧度及脚趾侧的压力,雪板转为面山。

图 8-2-22

(二)自面山转面谷

自面山转面谷的动作方法(见图 8-2-23)是:

与自面谷转面山的动作方法基本相同,只是脚掌的运用方式对调,转弯时后脚脚跟向前顺势推出。

图 8-2-23

十二、落叶飘

落叶飘是单板滑雪中最重要的环节，包括面谷落叶飘和面山落叶飘等。

（一）面谷落叶飘

面谷落叶飘的动作方法(见图 8-2-24)是：

(1)脚跟施力，身体略倾向滑动方向，往左滑，身体往左倾，往右滑，身体往右倾；

(2)手指向辅助指引方向；

(3)眼睛注视滑动方向；

(4)变换滑动方向前，先让身体位置回到中心点，两脚施力平均，待雪板力量平衡后，再变换滑行方向。

图 8-2-24

(二)面山落叶飘

面山落叶飘的动作方法(见图 8-2-25)是:

与面谷落叶飘的动作方法基本相同，只是由脚掌施力改为脚趾施力,眼睛不要看脚下。

图 8-2-25

十三、斜滑降回山

斜滑降回山包括面谷斜滑降回山和面山斜滑降回山等。

(一)面谷斜滑降回山

面谷斜滑降回山的动作方法(见图 8-2-26)是:
(1)与面谷落叶飘的动作方法基本相同;
(2)脚跟用力,雪板横向滑动;
(3)加强后脚脚跟力量,使雪板向上回山。

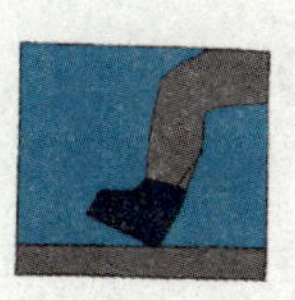

图 8-2-26

(二)面山斜滑降回山

面山斜滑降回山的动作方法(见图 8-2-27)是:
(1)与面山落叶飘的动作方法基本相同;
(2)脚趾端用力,雪板横向滑动;

（3）加强后脚脚趾端力量，使滑板向上回山。

图 8—2—27

十四、减速与停止

减速与停止可以更好地控制滑雪的节奏，使节奏更加顺畅，动作更加优美。减速与停止还可以避免不必要的摔倒，减少受伤，是初学者必须掌握的一项基本技术。单板滑降中的减速可通过前后刃的横滑控制，快速滑行中的减速要通过左右连续转弯来控制，停止是在减速后实现的，减速技术的动作幅度加大、加强后便会停止。常用的停止方法有单脚滑行停止和横降停止。

（一）单脚滑行停止

单脚滑行停止法常在雪面坡度为 5° 之内时使用，包括面山停

止和面谷停止。

1.面山停止

面山停止的动作方法(见图 8-2-28)是:

(1)雪板直滑而下,后脚站在雪板中间偏后的位置,双手平举辅助平衡;

(2)身体压低,膝盖弯曲压低重心,后脚的脚趾顺势向后拉,将雪板速度减慢并最终停住;

(3)头转向后看着下方;

(4)滑行距离不要太长。

2.面谷停止

面谷停止的动作方法(见图 8-2-29)是:

(1)雪板直滑而下,后脚站在雪板中间偏后的位置,双手平举辅助平衡;

(2)身体压低,膝盖弯曲压低重心,后脚脚跟顺势向前推,将雪板速度减慢刹住;

(3)滑行距离不要太长。

图 8-2-28

图 8-2-29

(二)横降停止

横降停止是单板滑雪中常用的技术，包括面谷横降停止和面山横降停止。

1.面谷横降停止

面谷横降停止的动作方法(见图 8-2-30)是：

(1)雪板朝谷方直滑而下；

(2)后脚脚跟逐次加压,使雪板转横回山。

2.面山横降停止

面山横降停止的动作方法(见图 8-2-31)是：

(1)身体略转向谷,眼睛注视后方；

(2)两脚掌前端施力(脚趾处),及时调整出力,使雪板下滑速度减慢；

(3)两手略张开辅助平衡，身体略弯，以保持最大的稳定度；

(4)停止时，压低身体、膝盖，脚掌前端逐渐加压用力，让雪板速度减慢进而停住。

图 8-2-30

图 8-2-31

第三节 花样单板滑雪

花样单板滑雪是单板滑雪中的一个重要类别。在掌握了单板滑雪的基本技术后，就可以学习花样单板滑雪的技巧了。花样单板滑雪的技巧包括豚跳、反豚跳、豚跳前转 180°、反豚跳前转 180°、豚跳后转 180°、反豚跳后转 180°、外转正向横板滑行、内转反向横板滑行、正向转 180°、背向转 180° 和抓板等。

一、豚跳

豚跳的动作方法(见图 8-3-1)是：

(1)重心放在后脚，努力将板头快速拉起，上身保持平衡；

(2)利用雪板的自然韧性和弹力，掌握节奏，将板尾从地面弹起，同时收腿；

(3)掌握平衡，落地时将重心放回两脚中间。

图 8-3-1

二、反豚跳

反豚跳的动作方法(见图 8-3-2)是:

(1)重心放在前脚,努力将板尾快速拉起,上身保持平衡;

(2)利用雪板的自然韧性和弹力,掌握节奏,将板头从地面弹起,同时收腿;

(3)掌握平衡,落地时将重心放回两脚中间。

图 8-3-2

三、豚跳前转 180°

豚跳前转 180° 的动作方法(见图 8-3-3)是:

(1)滑行中,使用脚跟边准备转向;

(2)上身打开,并且转动肩膀,使上身先达到大约 90° 的转动位置;

(3)同时,重心放在后脚,努力将板头快速拉起,上身保持转动状态；

(4)利用雪板的自然韧性和弹力，掌握节奏，将板尾从地面弹起，同时收腿，此时上身达到 180° 的转体位置；

(5)上身掌握平衡，下身利用在空中的时间完成 180° 的转身；

(6)落地时，将重心放回两脚中间。

图 8—3—3

四、反豚跳前转 180°

反豚跳前转 180° 的动作方法(见图 8-3-4)是：

(1)反脚滑行中，将重心放在脚跟边上，上身准备转动；

(2)重心下沉，找到反豚跳的感觉，将重心放在板头，身体继续保持转动；

(3)利用反豚跳的感觉，用脚跟边与雪地产生的阻力，将雪板弹起，上身打开，并保持转动；

(4)板子弹起收腿，下身通过腰部自然转动，在空中完成 180° 转动；

(5)落地的时候将重心放回前脚，屈膝减震，平稳落地。

图 8-3-4

五、豚跳后转 180°

豚跳后转 180° 的动作方法(见图 8-3-5)是:

(1)滑行中,使用脚尖边准备转向;

(2)屈膝蓄力,同时头部开始往需要转身的方向转动;

(3)跟随头部的转动,上身打开,并且转动肩膀,使上身先达到约 90° 的转动位置;

(4)同时做豚跳动作,努力将板头快速拉起,上身保持转动状态;

(5)利用雪板的自然韧性和弹力,掌握节奏,将板尾从地面弹起,同时收腿,上身达到 180° 的转体位置;

(6)上身掌握平衡,下身利用在空中的时间完成 180° 的转身;

(7)落地时,将重心放回两脚中间。

图 8-3-5

六、反豚跳后转 180°

反豚跳后转 180° 的动作方法(见图 8-3-6)是：

(1)滑行中,重心下压在前脚的脚跟边上；

(2)头部往身体的后方转动,同时带动肩膀跟近,继续保持重心前压；

(3)上身打开,转动肩膀,使上身先达到约 90° 的转动位置；

(4)同时做反豚跳动作,利用板头将整个雪板拉起,上身保持转动状态,同时收腿；

(5)上身掌握平衡,下身利用在空中的时间完成 180° 的转身；

(6)平稳落地,落地时将重心放回两脚中间。

图 8—3—6

七、外转正向横板滑行 

外转正向横板滑行的动作方法（见图 8—3—7）是：

（1）滑行中，对准道具直线滑行，在即将到达道具之前，转动肩膀，眼睛注视道具尽头；

（2）轻轻跳上道具，肩膀先转动，身体跟进转动，使雪板和道具接触时形成垂直角度，注意屈膝减震，重心放在双腿之间；

(3)在道具上滑行时，完全不使用板刃，眼睛注视道具的结束点，肩膀保持与雪板平行；

(4)当滑行至道具终点时，先转动肩膀，空中转动身体，把雪板放回滑行角度，放松身体自然落地，屈膝降低冲击力。

图 8-3-7

八、内转反向横板滑行

内转反向横板滑行的动作方法(见图 8-3-8)是：

(1)滑行中，对准道具进行直线滑行，屈膝准备跳转；

(2)接近道具起点时轻轻起跳，注视道具的尽头，同时，腰部带动下身和雪板转动 90°；

(3)形成角度后，雪板完全平面地落在道具上方，肩膀保持和道具平行，眼睛注视道具的尽头；

(4)完全不使用板刃在道具上滑行；

（5）保持姿势，直到接近道具终点时，肩膀回收，在空中将雪板带回滑行角度；

（6）放松身体自然落地，屈膝降低冲击力。

图 8-3-8

九、正向转 180°

正向转 180° 的动作方法(见图 8-3-9)是：

(1)用平常上跳台的速度，上跳台时，脚半蹲，身体放正，放松；

(2)要离开跳台时，身体往正向转，用脚趾边大力跳向正向，如果你是惯用左脚在前起跳，是逆时针转；

(3)转超过 90° 后，开始找着地的地方，记得身体要继续往正向转，否则板子会被拉回来，然后就会用脚跟边着地；

(4)转了 180° 后，在准备着地时，脚略弯，像弹簧一样，不要太僵硬，准备吸收着地的震动；

(5)着地时，身体回正，用双脚吸收震动，这时，把重心压低，落地会比较平稳。

图 8-3-9

 十、背向转 180° 

背向转 180° 的动作方法(见图 8-3-10)是：

(1)用平常上跳台的速度，上跳台时，脚半蹲，身体放正，放松；

(2)要离开跳台时，身体往背向转，用脚趾边大力跳向背向，如果你是惯用左脚在前起跳，是顺时针转；

(3)起跳瞬间，脚趾边有跳而且身体有转的话，雪板会继续转，此时会看不到要着地的地方，不要慌，头继续转，身体与雪板也会继续跟着转；

(4)转超过 90° 后，开始准备着地，记得身体要继续往背向转，否则雪板会被拉回来，最后用脚趾边着地；

(5)转了 180° 后，看见了着地的地方，脚略弯，像弹簧一样，不要太僵硬，准备吸收着地的震动；

(6)着地时，把身体回正，用双脚吸收震动，这时，把重心压低，落地会比较平稳。

图 8-3-10

十一、抓板

单板滑行中，抓板动作不但能够帮助滑雪者在空中保持身体的稳定，还能使身体在空中展现精彩的姿态。抓板包括抓前板、抓后板、抓脚趾边板和抓尖板等。

（一）抓前板

抓前板的动作方法(见图 8-3-11)是：

(1)身体呈蹲姿，重心后仰；

(2)用前手抓住雪板前侧两脚间的部分；

(3)后手在体侧展开，协调身体平衡。

图 8-3-11

（二）抓后板

抓后板的动作方法(见图 8-3-12)是：

(1)身体呈蹲姿，重心前倾；

(2)用前手抓住雪板后侧两脚间的部分；

(3)后手在体侧展开，协调身体平衡。

图 8—3—12

(三)抓脚趾边板

抓脚趾边板的动作方法(见图 8—3—13)是：

(1)身体呈蹲姿，重心后仰，臀部后坐；

(2)降低后手高度，抓住雪板前侧两脚间的部分；

(3)前手在体侧展开，协调身体平衡。

图 8—3—13

（四）抓尖板

抓尖板的动作方法（见图 8–3–14）是：

（1）身体呈蹲姿，重心后仰，臀部向板尖倾斜；

（2）用前手抓住雪板的尖端；

（3）后手在体侧展开，协调身体平衡。

图 8–3–14

第九章 单板滑雪比赛规则

单板滑雪比赛的组织与裁判是一项复杂而细致的工作。为保证比赛的顺利进行，运动员要遵守比赛程序，积极配合裁判员的工作，裁判员要忠于职守，尽职尽责。

第一节 程序

比赛程序是保证比赛顺利进行的关键要素之一，是每个运动员都必须遵守的准则。

一、赛前准备

（一）报名与选项

（1）通读竞赛规程，熟悉竞赛规则；

（2）确定参加的项目；

（3）报名。

（二）选好自己的参赛目标

确立自己的参赛目标对参赛者来说是非常重要的。如定位高，想争取好成绩，比赛时精神必须高度紧张起来，还要做好充分准备；如只侧重参与，则会以平常心对待比赛。

（三）器材装备的准备

（1）如有条件应穿竞赛专用服，这种服装阻力小，方便动作展开；

（2）器材需精修，全面检查固定器的各个部件，不能在现场出现问题；

（3）最好准备两套雪板，一套用于赛前的练习及视察旗门，一套用于竞赛。

二、抽签

（1）及时参加领队抽签会议；

（2）参加抽签仪式时，可能由自己抽签确定出发位置，也可能由计算机排列，但是一定要知道自己的出发顺序；

（3）了解第二天比赛时的天气预报；

（4）明确比赛时间、索道准乘时间、视察线路的方式和时间，以及起点检录时间。如果是两次比赛，还要知道第二次比赛的开赛时间、练习时间及场地；

（5）早饭时间、开车时间与地点都应了解清楚；

（6）抽签后，领取号码簿，并保管好，时间允许的话再要一份出发顺序表和会议纪要。

三、准备活动

准备活动一定要认真，要做热、做透。距离比赛前半小时不能静坐，必须不停地活动，之后最好披件大衣保暖。

四、比赛方法

每一项体育运动都有其比赛方法，单板滑雪也不例外，下面简

单介绍几种单板滑雪的比赛方法：

(一)"U"形池比赛

比赛时运动员在音乐的伴奏下，在"U"形滑道内边滑行边利用滑道做各种旋转和跳跃动作。

(1)比赛共有两轮预选赛，首轮预选赛前 6 名选手直接晋级决赛；

(2) 其余选手参加第二轮预选赛，前 6 名选手同时获得决赛权；

(3)最后 12 名决赛选手进行两轮比赛，根据两轮决赛中的最好成绩排定最后的名次；

(4)主要动作有跃起抓板、跃起非抓板、倒立、跃起倒立和旋转等。

(二)平行大回转比赛

平行大回转比赛用靴与滑雪靴相似，但更有弹性。雪板坚硬、狭窄，以利于转向和高速滑行。平行大回转比赛以滑行速度评定名次。比赛开始时，出发门自动开启，两名选手同时出发。选手穿越旗门瞬间，把压力集中在脚尖上，胸部前挺穿越，通过以后将压力集中在脚跟上，主要运用的技术动作是左右大回转。

(三)越野比赛

越野比赛沿途分布着雪丘、跳跃点和急转弯,时常发生碰撞,单板滑雪的参赛选手要通过自己的各种技术越过障碍来完成比赛。

第二节 裁判

学习和了解裁判方法,对于我们掌握裁判员的判罚尺度,提高比赛成绩,合理有效地运用规则会有很大的帮助。

一、"U"形池比赛规则

(1)"U"形池比赛的场地为"U"形滑道,长 120 米,宽 15 米,深 3.5 米,平均坡度 18°;

(2)雪板略软,较宽;靴底较厚,一般为 5~8 个造型;

(3)由 5 名裁判员根据完成的动作难度和效果评分,每人最高分不超过 10 分,5 个得分之和为该选手本轮比赛得分。

二、平行大回转比赛规则

(1)平行大回转比赛的场地长 936 米,平均坡度 18.21°,坡高 290 米,高度差为 120~200 米;

(2)三角旗门交替放置在左右,约有 25 个旗门,旗门间距至少

8米；

（3）起点旗门（高1.1米，底座宽1.3米）的两个立柱高度不同，中间有一面三角旗；

（4）两次预赛成绩相加排名前16位的进入决赛，之后进行淘汰赛，16进8、1/4决赛、半决赛和决赛；

（5）正式比赛时选手抽签每2人一组，在平行赛道上进行两次预赛，第二次预赛要交换赛道。第一次比赛中落后的选手延迟出发，延迟的时间为第一次比赛落后的时间。第二次比赛中率先抵达终点的选手取胜。

三、单板滑雪越野赛规则

（1）单板滑雪越野赛的场地高度差为100～240米，平均坡度为14°～18°，路线长度为500～900米，赛道宽度约为40米，比赛用时为40～70秒；

（2）排名前16名的选手进入1/4决赛；

（3）从1/4决赛开始，每组有四名选手参赛，获得前两名的进入下一轮，比赛最后的成绩以到达终点的时间判定。